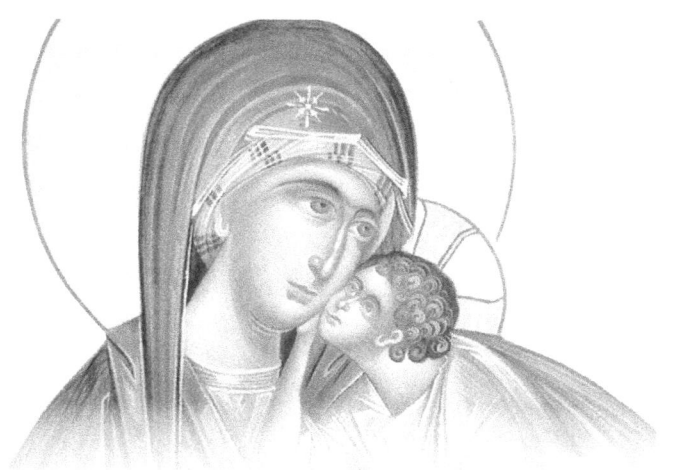

EL ÍCONO COMO COMUNIÓN

Los ideales
y los principios composicionales
de la pintura de íconos

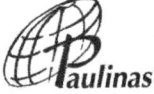
Paulinas

George Kordis

El ícono como comunión

Los ideales
y los principios composicionales
de la pintura de íconos

Traducido al español por Lis Anselmi

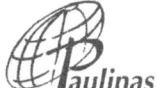

Paulinas

Kordis, George
   El ícono como comunión : los ideales y los principios composicionales de la pintura de íconos . - 1a ed. - Ciudad Autónoma de Buenos Aires : Paulinas , 2014.
   128 p. ; 19x13 cm.

   1. Arte. 2. Iconos. I.
   Título CDD 704.948

Traducción al español por Lis Anselmi

Diseño Editorial: Lorenzo Ficarelli

1ra edición, noviembre de 2014

Este libro se terminó de imprimir en noviembre de 2014 en Docuprint, Buenos Aires, Argentina.

Con las debidas licencias - Queda hecho el depósito que ordena la ley 11.723.
© **Paulinas de Asociación Hi jas de San Pablo**, Nazca 4249, 1419 Buenos Aires.
Impreso en la Argentina - Industria argentina.

Distribuye **Paulinas**
Larrea 44/50, C1030AAB Buenos Aires, Argentina
Tel. (011) 4952-4333 y líneas rotativas. Fax directo de 18 a 9 hs
Línea de fax gratuita para clientes: 0-800-333-7717
E-mail: ventas@paulinas.org.ar - www.paulinas.org.ar

Para Stylianos Papadopoulos,
quien me introdujo en las riquezas
de la teología patrística

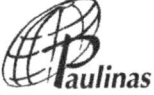
Paulinas

CONTENIDOS

Introducción

¿**E**s posible enseñar el arte bizantino? ¿Puede éste ser circunscripto a una serie de reglas y principios artísticos que puedan ser explicados y demostrados? Y aún más importante, ¿por dónde debe uno comenzar si quiere comprender el sistema de pensamiento que subyace en el arte bizantino, con líneas o colores?

Estas preguntas difíciles me han preocupado durante muchos años, desde cuando fui invitado a enseñar pintura de íconos en diferentes lugares: AKTO (Escuela de Arte de Atenas); Facultad de Teología de la Universidad de Atenas, el Instituto Cultural Alsos de Letras y Artes; el Centro Cultural Eikonourgia; la Ciudad Santa de Nikaia; y la Parroquia de San Athanasios, Halandri.

No fue fácil responder, porque el arte de la iconografía, al menos en el mundo bizantino, constituye un sistema artístico con su propia filosofía (o teología) e ideales, los cuales, más allá de la variedad de soluciones estilísticas producidas por los maestros del arte bizantino, permaneció constante y sin cambios. Además, sabemos por los Padres de la Iglesia, particularmente por San Photius, que la iconografía es un arte de inspiración divina, que la mano del iconógrafo es guiada desde lo alto, y que las maravillosas obras logradas en todos los períodos son el fruto del Espíritu Santo.

Con todo esto en mente, ¿cómo se puede enseñar el arte bizantino y qué método habría que usar? ¿Deberíamos simplemente copiar íconos de los primeros tiempos, como en una fotocopia? O para decirlo de otra manera, ¿se puede entender la iconografía solamente en términos de técnica?

Cuando examinamos el trabajo de los antiguos iconógrafos, vemos sin embargo que hay un continuo desarrollo en su acercamiento a la creación artística, sin embargo, esta fluidez no rompe la continuidad del sistema artístico que identificamos como bizantino.

Lo que parece sobresalir es que este continuo flujo en el proceso creativo se aplica principalmente a ciertos elementos artísticos, mientras otros permanecen sin cambios. Además, se puede observar algo maravilloso: muchas variaciones son posibles sin por ello cambiar el método artístico.

Esta observación dio pie a varios pensamientos sobre el método de iconografía y cómo puede ser enseñado.

La inmutabilidad de la técnica bizantina significa que tiene que haber un sistema artístico con reglas específicas y principios que rigen la ejecución de íconos a través de todos los períodos y modas estilísticas; y, dado que este sistema existe, tiene que ser posible descubrir y expresar estos principios, los cuales obedecen a una lógica interna, y describirlos es el primer paso para aprender el arte iconográfico. Pueden ser descriptos sin poner en peligro el estilo iconográfico bizantino porque son constantes y por lo tanto no cambian.

Así, es posible estudiar el método de composición, el sistema de perspectiva, y el rol y función de la línea y el color, ya que son "elementos determinados". La principal dificultad concierne al estilo, ya que este cambia de un período al otro, de una escuela a otra, e inclusive de pintor a pintor. La variación de estilos es lo que da forma a la historia de la iconografía ortodoxa, y dio lugar a sus diferentes tendencias. Un examen cuidadoso y detallado de la iconografía bizantina revela que hay grandes diferencias estilísticas entre las diferentes escuelas. Vemos, por ejemplo, que en el período Comnene, la proporción de las figuras difiere mucho de aquellas del período Palaleogan y la Escuela Cretense.

Las leves, altas y espiraladas figuras pintadas en la Iglesia de San Jorge en Kurbinovo, y las de los Santos Inmercenarios en Kastoria, tienen poca semejanza estilística con las figuras de proporciones medias, anchas y robustas de Panselinos.

De todas maneras, si uno trata de racionalizar esta gran variedad de estilos y someterlos a normas y principios, encuentra mayor dificultad. Necesité estudiar durante varios años antes de ser capaz de percibir la unidad en la variedad, y me llevó todavía más tiempo darme cuenta de que era imposible explorar completamente los elementos que caracterizan cada diferente tendencia en términos extrictamente racionales. Al mismo tiempo, sin embargo, entendí que es posible estudiar el arte de la iconografía sin someter el estilo a principios racionalmente definidos. El estilo cambia, sin embargo la incapacidad de definir esto en términos racionales no afecta fundamentalmente la comprensión de la manera bizantina de pintar, del mismo modo, el conocimiento de la humanidad no depende de conocer una única característica de una persona en particular, en la que se exprese toda la naturaleza humana.

Así llegué a formular la siguiente propuesta para la enseñanza de la iconografía. Además de la teoría y la teología del icono, y el significado de las convenciones iconográficas, enseñar pintura de iconos en el nivel artístico tiene que ver sobre todo con los principios artísticos fundamentales, esto se debe a que estos principios contienen, por así decirlo, la esencia del modo artístico particular que identificamos como bizantino, más especialmente se trata de grabar los procesos que rigen el pensamiento artístico bizantino.

Una serie de estos patrones de pensamiento permiten al alumno comprender las decisiones artísticas básicas realizadas por los artistas bizantinos: las razones del "linealismo" y "colorismo"[1]; cómo funciona la composición, y la función y rol de la línea y el color, en otras palabras, captar por qué los bizantinos pintaban de una manera y no de otra.

Podría decirse que a través de todo esto, el estudiante de arte bizantino aprende un idioma, su gramática, su sintaxis y cómo desarrollar el vocabulario de esta lengua (la escritura), con el fin de pintar iconos, pero por supuesto, así como conocer las reglas gramaticales y sintácticas no hacen de uno un escritor o un poeta, del mismo modo, el conocimiento de las ideas subyacentes en los principios artísticos del arte bizantino no convierten a un estudiante en un iconógrafo, lo que esto sí hace, es ayudarlo a entender cómo trabajaban los antiguos artistas, a ser conscientes tanto de la sabiduría como de la inspiración divina de aquéllos, a aprender incluso que esta verdadera creación artística demanda no sólo conocimiento, sino también el correcto espíritu de acercamiento y la actitud correcta, es necesario luchar espiritualmente tanto como estudiar.

Más allá de que el estilo no puede ser satisfactoriamente expresado en categorías racionales, es esencial estudiar la variedad estilística de los maestros del arte, así como la filosofía que subyace en

---

1. Para una explicación de cómo son usados aquí estos términos, ver página 60.

sus principios artísticos. Esto permite que el estudiante adquiera conocimiento de la gran variedad estilística del pasado y también le permite, con la ayuda de Dios, pintar iconos de Cristo y de los santos de una manera creativa, sin alterar la tradición iconográfica de la Iglesia Ortodoxa.

Con estas premisas en mente gané el coraje de seguir adelante con la publicación de este estudio a pequeña escala de la iconografía bizantina. Consiste básicamente en notas y observaciones de la fase de dibujo en la pintura de iconos, es decir, en la ejecución de las líneas. El principal objetivo fue presentar la idea que subyace en el sistema artístico bizantino, y cómo esto se expresa en la realización de un rostro, de la figura humana, y en la composición. Mi objetivo principal no era escribir un trabajo académico, sino poner por escrito los pensamientos que vinieron a mí durante mi investigación y estudio de las fuentes bizantinas, los iconos y especialmente los frescos. Es por eso que prefiero conservar el carácter espontáneo y un poco sin pulir del lenguaje hablado, para que estas notas puedan tener algo de esa cualidad que caracteriza lo inmediato.

Mi esperanza es que este trabajo haga una pequeña contribución a los grandes esfuerzos que se realizan hoy en día para la continuación creativa de nuestra tradición iconográfica, y que un segundo libro, un estudio sobre el estilo de la línea del arte paleocristiano hasta el post- período bizantino, no tarde en llegar.

Capítulo 1

El rol de la línea en la iconografía bizantina

Vamos a comenzar con la primera y más básica pregunta: ¿qué es una línea? Es difícil dar una respuesta, ya que esto presupone que este elemento del arte puede existir por y para sí mismo, y esto no es posible: la línea no puede estar aislada, ya que en la pintura bizantina debe estar en armonía, o más bien hipostáticamente en conjunción con el color. Con el fin de llegar a una respuesta, por lo tanto, necesitamos preguntarnos: ¿Cuál es la relación entre la línea y el color?

El color viene antes que la línea. San Juan Damasceno, al expresar el pensamiento bizantino, afirmó que los sentidos perciben primero el color, esto se debe a que en el arte bizantino las personas y cosas son esencialmente color, porque no existe la profundidad de la perspectiva. Esto significa que se mantienen definidos sobre la superficie y, por lo tanto, que se componen de color, algo diferente al negro (que significa su ausencia y así un retroceso en la profundidad).

La esencia de las formas pictóricas bizantinas es el color. La línea no es más que un modo de existencia para el color, su hipóstasis[2]. En la medida en que el color es definido en la superficie, la línea expresa el específico ser del color y le da forma, su logos.

En el diagrama (fig. 1.1), si a = el color rojo bermellón, la esencia de color de las dos figuras es la misma, sin embargo las figuras son diferentes, esto es porque su hipóstasis no es la misma; es decir que tienen diferentes modos de existencia, y esto está definido por las líneas.

---

2. Hipóstasis puede ser definida como "el modo específico de existencia" de una persona o cosa. En la patrística, sin embargo, la hipóstasis de alguien o algo es estar diferenciado desde la esencia, lo que veremos más adelante.

Así vemos que la línea es inconcebible independientemente del color, entonces, cuando uno está dibujando, siempre tiene que tener en cuenta que uno está definiendo unidades de color, y aún más, como veremos en breve, uno está moviendo estas cualidades de color desde la superficie de la composición hacia el espectador .

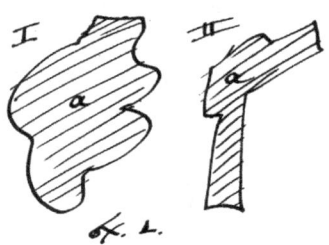

fig. 1.1.

Vamos ahora a la segunda pregunta: ¿Cuáles son las características de la línea en la iconografía bizantina?

Para empezar, debemos señalar que la línea en la pintura bizantina tiene características particulares, esto puede constatarse por el hecho de que para el observador imparcial un icono tiene un cierto estilo, no puede haber ninguna duda de que la tradición posee una singularidad que se deriva de la naturaleza particular de la línea.

No es tanto el tratamiento del color (la forma en que se aplica) lo que distingue la tradición bizantina de cualquier otra, es la línea la que da hipóstasis al arte bizantino, la que la distingue de cualquier otra tradición. Se podría quizás argumentar que también es la forma de la composición lo que la caracteriza, y es un punto de vista totalmente aceptable, pero al final, tanto el vehículo de la composición, como el instrumento para la realización de una obra, es la línea. La línea tiene cualidades distintivas, y lo que es más, esta singularidad es palpable. Esto es lo que ahora vamos a definir, sin embargo, ¿cómo se pueden cuantificar las características de la línea, y qué criterios debe uno usar para evaluar estas cualidades?

La civilización bizantina se basa, por un lado, en la distinción entre naturaleza e hipóstasis, y por otro en la búsqueda de la comunión como participación en las energías, más que en la naturaleza de la otra persona o cosa. Nuestra investigación sobre las características de la línea y una valoración de sus cualidades debe basarse en estos rudimentos filosóficos. Por tanto, debemos mirar cómo funciona la línea con el fin de determinar cuáles son estas cualidades particulares.

Es la manera en la cual las líneas permiten que las escenas, cosas o personas representadas en un ícono adquieran una existencia o hipóstasis específica, que sirve a la vez para su inter comunión, y la relación de la obra con el espectador, lo que llamamos el rol de la línea.

Así, antes que nada, la línea sirve para distinguir y dar hipóstasis a los diversos elementos dentro de una composición. Por supuesto, debemos notar aquí que en el arte bizantino todo es una síntesis, ya que ninguna forma puede existir simplemente con respecto a su hipóstasis, sino sólo con respecto a su esencia, porque la idea que rige el pensamiento bizantino (y la patrística) es la de la comunión, lo que presupone el encuentro voluntario de hipóstasis, o personas, en una relación de amor. De esta manera, una forma debe tener también movimiento interno y externo con el fin de poder expresar y reflejar esta visión de la vida. Interiormente no debe ser simple, sino compuesta, consistiendo en pequeñas unidades que se presentan juntas y existen en una unidad armoniosa con su ritmo en común (veremos esto en detalle más adelante). Estas unidades se caracterizan y reciben su existencia singular o hipóstasis a través de la línea, lo cual, como ya hemos dicho, es el modo de existencia del color. Las diversas partes o hipóstasis que componen una forma, o para decirlo mejor, a través de las cuales una forma adquiere existencia, debe tener movimiento interno: movimiento en relación con los demás y en relación con la tercera persona, el espectador, que es también su punto de referencia. Porque en el arte bizantino toda forma es movimiento, todo es energía, pero esta energía no es ciega o irrestricta, sino que está cuidadosamente controlada, y tiene un objetivo y punto de referencia específico: Su objetivo es crear comunión entre la figura en el icono y el espectador.

En la cultura bizantina una obra de arte no es un objeto pasivo y abstracto que se encuentra frente al espectador en su propio tiempo y espacio, al contrario, es algo activo que se mueve hacia el espectador, de quienes se requiere una respuesta para que pueda encontrarse con el ícono y con lo que está representado en él. Este movimiento – esta energía - que al final se convierte en ritmo, es la característica fundamental del arte bizantino, y el instrumento para su realización no es otro que la línea.

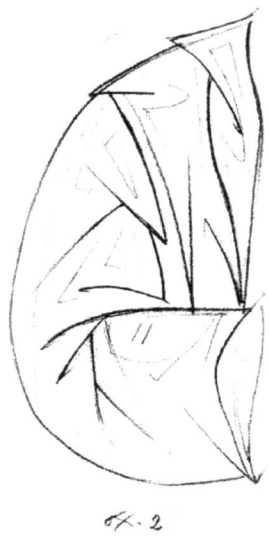

fig. 1.2.

Una de las funciones básicas de la línea en una figura, por lo tanto, es distinguir una hipóstasis individual de las demás, y destacar la particularidad de su ser. Si por ejemplo tenemos una prenda (una forma – ver figura 1.2), vemos que es a través de la línea que cada elemento adquiere hipóstasis, o recibe su identidad, y que no es sino a través de la línea que de ser algo "muerto" se convierte en algo "vivo", en el sentido de que adquiere una energía interior o movimiento y por lo tanto las características de la vida. Esta es la primera y fundamental función de la línea, lo que implica muchos procesos en el nivel artístico con el fin de manifestar las cualidades deseadas, pero esto será tratado más adelante.

La segunda e igualmente importante función de la línea es definir el ser mismo de las partes que componen una figura, en otras palabras, hacer que existan. Y como ya hemos señalado, esto ocurre dentro del proceso de definición de movimiento y energía, el modo en el que una forma ejerce su energía determina también lo que esa forma es.

En la tradición bizantina una figura ejerce su energía en dos niveles: hacia otras figuras en el mismo icono, y hacia el espectador. Por lo tanto, la línea funciona de un modo análogo, determina el modo de existencia de las figuras en relación una con otra y en relación con la tercera persona. La línea tiene, podríamos decir, la función *de regular el movimiento de la figura en la superficie de una obra, y una función de proyección o perspectiva* a través de la cual la figura se proyecta y se relaciona con el espectador.

La función de la línea en la creación del ritmo interno del ícono

Los diversos elementos que constituyen el ser mismo de una figura, en primera instancia, deben tener relación entre sí, no deben sentirse como pasivos o inactivos, deben estar 'reconciliados' y existir en una relación de unidad concordante. Este estado se logra a través del movimiento que da energía a las figuras, y por el ritmo que coordina y une las diferentes instancias del movimiento, de esta manera las distintas unidades mantienen su *identidad única* o *hipóstasis*, y su propio movimiento y energía, sin dejar por ello de armonizar con las otras unidades. Por lo tanto, al eliminar el movimiento de oposición y la energía de los diversos elementos, la figura se libera del conflicto interno. A través de este proceso una figura adquiere una energía concentrada que consiste en todas las diferentes instancias de energía ejercidas por sus partes componentes.

Los medios por los cuales se produce el ritmo y la energía de una figura es "purificada"[3] suelen ser estos: se toma un elemento estructural de la composición, y se trabajan las líneas de modo tal que se simplifique y pueda convertirse en un punto de referencia para las otras instancias del movimiento. Además, la posición de este elemento debe ser definitiva. En el icono de la Natividad del Señor, por ejemplo, la montaña se utiliza como punto de orientación o referencia, por lo general se encuentra en el centro, lo que es útil para los propósitos artísticos. La montaña tiene forma de triángulo y esta forma sirve como un punto unificador para todos los demás elementos (ver figura 1.3).

Más adelante hablaremos en detalle sobre esta composición, aquí simplemente señalamos algunas cosas con el fin de demostrar cómo se unen los diferentes elementos en una imagen para crear el ritmo.

La línea está llamada a jugar un papel decisivo en este proceso de unir rítmicamente los distintos elementos de una composición, ya que define tanto el contorno como la estructura interna de las figuras, por lo tanto determina la interrelación entre las figuras y su ritmo. Esto es lo que le da a la línea su cualidad y características particulares.

---

3. Ver las sección "Cómo se refina o purifica la composición", en la página 66 para entender el uso de esta palabra.

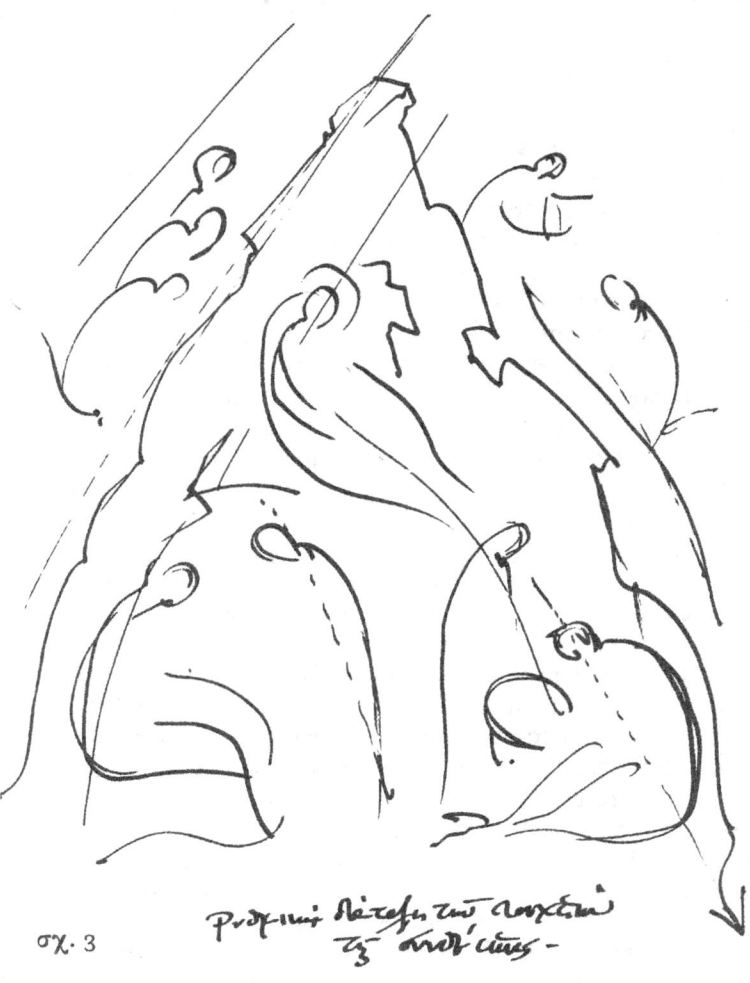

cx. 3

fig. 1.3.
La forma triangular de las montañas proporciona los medios para ordenar
rítmicamente la composición.

La función de proyección o perspectiva de la línea y la comunión entre el ícono y el espectador

Dibujar un ícono implica diferentes etapas, aunque en la práctica éstas no puedan separarse por completo. Por lo tanto podríamos decir que la función de proyección o de perspectiva de la línea forma parte de la última y quizás más importante etapa, porque a través de ella se logra el propósito final del trabajo, que es establecer comunión entre el ícono (y lo que se representa) y espectador.

Cuando hablamos de la función de perspectiva de la línea no estamos hablando del sistema particular de perspectiva utilizado en el arte bizantino, del que hablaremos más adelante, este sistema de perspectiva se ocasiona al ubicar correctamente los diferentes niveles del ícono en relación con el espectador, y a través de la correcta disposición de las líneas de construcción en los elementos inanimados. En el arte bizantino el movimiento de las figuras hacia el espectador se logra en primer lugar a través de la línea en sí y por lo tanto en la fase de dibujo. Este hecho demuestra claramente la genialidad de este sistema artístico, ya que aquí vemos cómo se produce el arte a través de los medios artísticos, es decir, mediante el uso correcto de los elementos artísticos (línea y color) .

El principio rector básico para un artista bizantino es evitar, sobre todo, la vista frontal y de perfil, ya que éstas son posturas inertes en términos artísticos, porque no permiten que las figuras avancen hacia el espectador. El dibujo de una persona u objeto debe energizar y mover la figura del santo o cosa desde la superficie de una obra hacia el espectador, debe crear una especie de dialéctica con la superficie, es por esto que los objetos se colocan transversalmente sobre la superficie. El *principio transversal* también demuestra ser la regla básica del dibujo, porque permite que la línea cree volumen, proyección y perspectiva (función de perspectiva o proyección ver figuras 1.4 y 1.5). El dibujo en la iconografía bizantina consiste en la intención de lograr plasticidad a través del uso de la dinámica de la línea transversal con respecto a los ejes perpendiculares y horizontales.

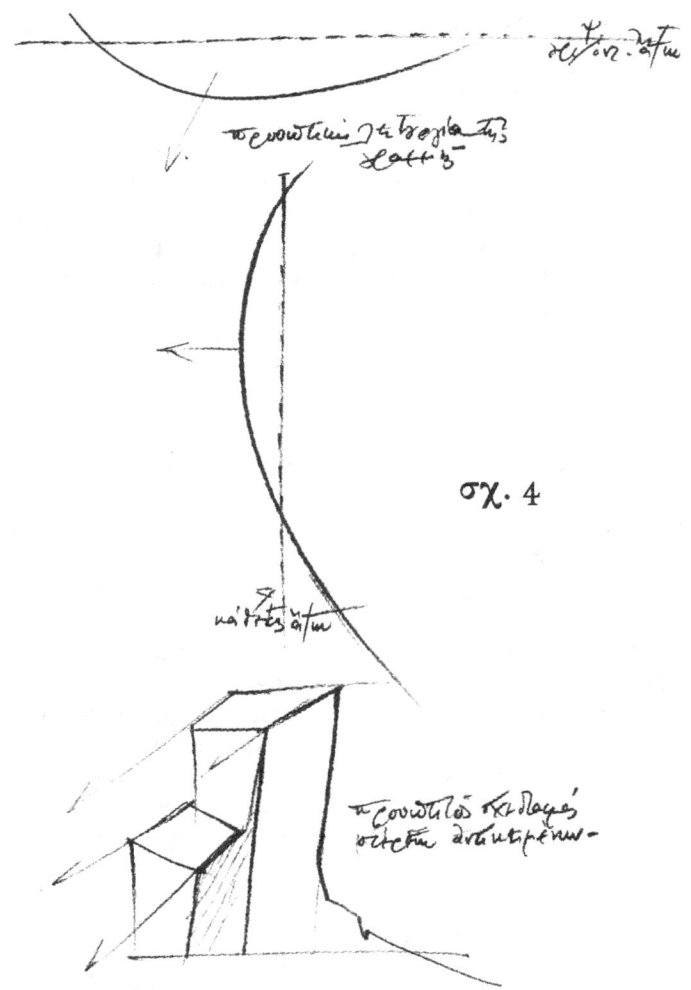

σχ. 4

fig. 1.4.

Eje horizontal: función de proyección o perspectiva de la línea – cómo la línea crea perspectiva.
Eje vertical: Cómo la construcción de la línea crea proyección hacia el exterior en edificios y objetos inanimados

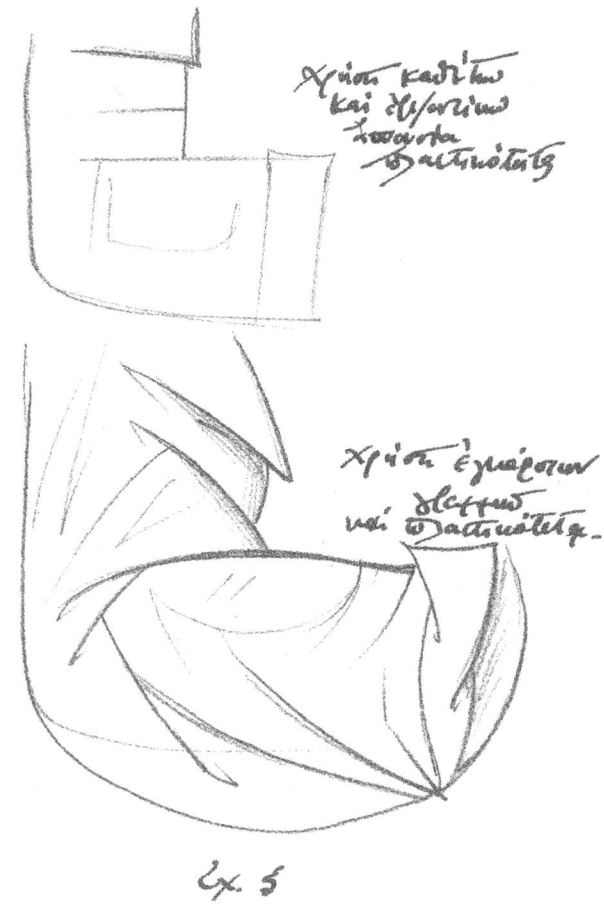

fig. 1.5.

Cómo las líneas verticales y horizontales fallan al crear plasticidad.
El uso de las líneas transversales crea plasticidad.

El uso de la relación transversal es tan extensa que se encuentra en todos los niveles de trabajo en el arte bizantino: desde el método de composición hasta la organización interna de las figuras, desde la manera en que los rasgos faciales son dibujados hasta el movimiento de las pinceladas con las que se pinta el icono.

El uso del color se basa también en esta función de perspectiva de la línea, a través de la aplicación de esta función de perspectiva y la relación entre los colores, se logra la proyección y el movimiento de una figura hacia el espectador. El color por sí solo no puede lograr la comunión entre el ícono y el espectador, incluso si se aplica a la manera bizantina (de colores cálidos y oscuros a los más fríos y claros). Si una figura no se ha dibujado correctamente (a través de la línea, que debe crear más volumen y proyección), se produce una contradicción interna, y esto conduce a la discordia dentro del icono y a la fragmentación de la simplicidad del ritmo.

Por otra parte hay casos - por ejemplo en la Escuela Cretense - en que la capacidad de proyección de la línea preserva el movimiento y la función referencial de la figura, más allá del hecho de que los colores son menos efectivos estéticamente[4].

Para concluir, la línea tiene las siguientes funciones en la iconografía bizantina:

1 . Da hipóstasis, es decir, da existencia concreta a los diferentes componentes de una figura;

2 . Determina de qué manera una figura ejerce su energía;

3 . Determina el movimiento de las figuras entre sí, y,

4 . Proyecta las figuras hacia el espectador, las levanta de la superficie del ícono.

Ahora estamos en condiciones de tratar de definir cuáles son las cualidades que la línea necesita para cumplir estas funciones.

---

4. Sobre esto ver mi estudio sobre Teófanes el Griego: George Kordis, (Atenas, 1998).

Capítulo 2

Las características de la línea en la iconografía bizantina

La línea en la iconografía bizantina está llamada a dar hipóstasis - o dar identidad - a las diversas partes de una composición, es por eso que debe caracterizarse por la sencillez, sin la cual no podría cumplir esta función. Para que las figuras sean claras, –y tienen que ser así porque de lo contrario no se podría entender o "leer"[5] un ícono–, la línea se refina, pierde su complejidad y su flojedad, y de esta manera "dice" lo que tiene que decir de una forma directa y sencilla. En este proceso se omiten muchos de los elementos menos importantes, y así las figuras están marcadas por un cierto brillo, se puede percibir la pureza, la lucidez y la frescura incluso en rostros ancianos, en los paisajes o en la ropa. Aunque esto muy a menudo se explica en términos espirituales, se debe principalmente a esta claridad de la línea, así, observamos las cualidades de sencillez, pureza, claridad y rectitud. Como hemos dicho, es a través de la línea que el ser mismo de las figuras y su movimiento, tanto en términos de uno con el otro como con el espectador, son determinados. Vemos también que es en la búsqueda de ritmo en la relación entre las formas, que la línea se vuelve relacional, y gana plasticidad, fluidez y flexibilidad.

Una línea siempre existe en relación con otras líneas, ya que de lo contrario no podría haber interrelación y ritmo entre las formas. Así es como una línea pierde su independencia y se convierte en relacional. Pero para hacerlo debe ser a la vez plástica y flexible, estas cualidades le dan un sentido de flujo que es su característica fundamental y su gran virtud.

---

5. Estrictamente hablando, los íconos son "escritos" y no "pintados", es por esto que son "leídos" y no simplemente vistos.

Al mirar una obra del arte bizantino uno puede detectar inmediatamente la fluidez que caracteriza a su conjunto. Todo dentro de una figura fluye y penetra todos los demás elementos: nada es estático o discordante, todo comunica y existe en una unidad maravillosa y esto se debe, como ya hemos dicho, al hecho de que las partes constituyentes de una figura están relacionadas rítmicamente y existen como una unidad armoniosa, esto se debe a la calidad de la línea, que se vuelve *fluida y flexible* en la realización de ritmo.

La fluidez, sin embargo, no implica necesariamente la curvatura, por el contrario, la elección predominante de artistas bizantinos es el zig-zag o la línea "compuesta", la ruptura de la curva en líneas rectas más pequeñas con el fin de dar una sensación de movimiento. Aquí vemos la sabiduría de los maestros bizantinos, que evitaron las curvas que se construyen de una sola línea, eligiendo la línea compuesta que expresa su concepción de que todo es una síntesis de unidades más pequeñas.

¿Qué hizo que los artistas bizantinos eligieran la línea compuesta? ¿Por qué las prefirieron a las curvas, que se mantienen en los rostros y en algunos contornos? Por supuesto, se puede decir mucho sobre este tema, y sobre lo que influyó en la forma de acercarse al dibujo en la iconografía bizantina, como el porqué de que a todas las formas se les de una definición precisa.

Lo que podemos decir con certeza es esto: la línea compuesta tiene, en primer lugar, una mayor estabilidad que la curva, y por lo tanto, la forma que describe puede ser " leída" con más facilidad. En otras palabras, produce claridad y estabilidad en la figura. También expresa el pensamiento bizantino de que la descomposición y recomposición de los elementos conforman una figura, así, la misma filosofía se expresa una vez más a través de este elemento estructural fundamental. La curva se divide en líneas constituyentes más pequeñas que se vuelven a reensamblar según otro modo de pensamiento artístico. Este tipo de línea permite entonces crear relaciones, y por lo tanto ritmo.

Como un conjunto de líneas rectas, el zigzag es también uno de los requisitos básicos necesarios para crear volumen, perspectiva y proyección, ya que permite el movimiento en diferentes niveles que se revelan a través del desarrollo de las líneas (ver figuras 2.2. y 2.5).

Por supuesto, al dibujar estas líneas se necesita una gran habilidad y destreza por parte de la artista, para que se mantenga una sensación de fluidez, demanda sobre todo un sentido del ritmo en su conjunto y evitar roturas y "sobras" o pausas (ver fig. 2.3)

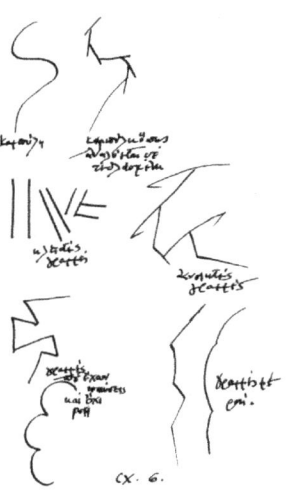

fig. 2.1.

Una curva
Una curva quebrada en zig-zag o líneas compuestas
Lineas cerradas
Lineas abiertas
Lineas con quiebras que no fluyen
Lineas que fluyen

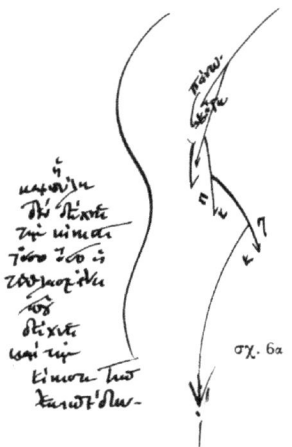

fig. 2.2.

Una curva
Una curva quebrada en zigzag.
Esta línea compuesta da un gran
sensación de movimiento,
y puede también revelar la
dirección de este movimiento, para
arriba o para abajo.

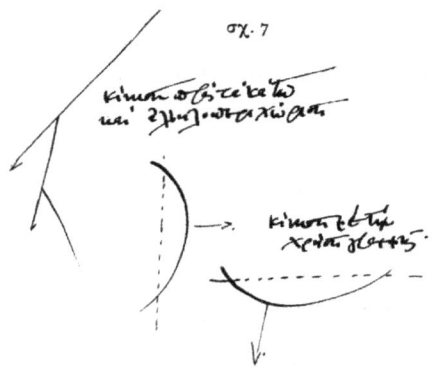

σχ. 7

fig. 2.3.

Una sensación de movimiento descendente y de interpenetración entre líneas.

Una sensación de movimiento creada a través de la línea.

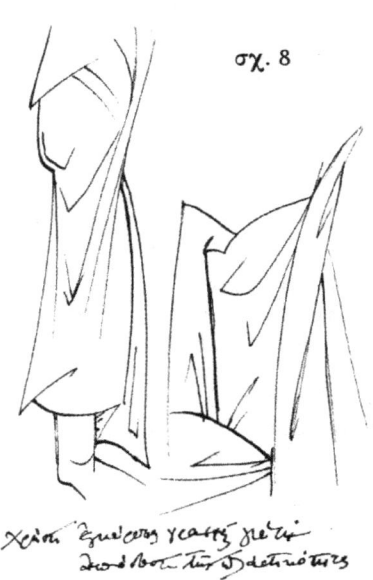

σχ. 8

fig. 2.4.

El uso de las líneas transversales para crear plasticidad.

Otro sello distintivo de la línea en la iconografía bizantina es su sentido de continuidad, no debe dar la impresión de que ha llegado a su fin, de que es una línea "cerrada" (ver fig. 2.1). Por el contrario, debe dar la impresión de que, aunque completa, continúa en la línea siguiente o en otro nivel. Esta característica de la línea *abierta* es fundamental, ya que mucho depende de ello: la posibilidad de la interpenetración de los elementos en una figura o escena y por lo tanto, el logro del ritmo (interno), y la realización de un todo que se compone de muchas hipóstasis, pero que tiene una unidad de energía en relación con el espectador.

Por último y como ya se ha mencionado anteriormente, es a través del *principio transversal*, o sea por colocar formas oblicuamente sobre la superficie de una obra, que la línea es capaz de crear perspectiva. Por lo tanto, la característica principal de la línea en la pintura de iconos bizantinos es su relación transversal con la superficie de una obra, lo que revela la relación dialéctica de una figura con la superficie y la proyecta hacia el espectador.

Alguien podría por supuesto preguntarse hasta qué punto el principio transversal no es algo que caracteriza a la línea en sí, que tal vez sólo afecte a la posición de una línea y no su hipóstasis, por supuesto estoy de acuerdo en que se refiere a la relación de la línea con la superficie de una obra, pero esta conexión, sin embargo, nos habla de los medios de existencia de la línea, de su propio ser.

Por lo tanto se refiere a las características hipostáticas de la línea, y puesto que los maestros bizantinos constantemente dibujan las líneas a lo largo y ancho de las figuras de las personas y las cosas para crear volumen y movimiento, tenemos que aceptar que el *principio transversal* es una característica de la línea en la iconografía bizantina.

Al dibujar líneas oblicuamente a través de una escena con el fin de crear perspectiva y proyección, uno está construyendo una relación entre las líneas: entre una línea y cualquiera de los ejes horizontales imaginarios y perpendiculares, o con las otras líneas. Así es como la *referencialidad* - y también la cualidad de ser relacional - se convierten en rasgos característicos de la línea. Es tal y como vimos anteriormente: por razones de ritmo la línea se vuelve relacional y sirve a la interpenetración de las instancias de energía que poseen los distintos elementos de una composición.

También hay que mencionar que la línea tiene que ser clara y tener la fuerza y la flexibilidad dinámica de lámina de metal, pues de lo contrario no se puede proyectar y mover las figuras desde la superficie hacia el espectador (ver fig. 2.5.).

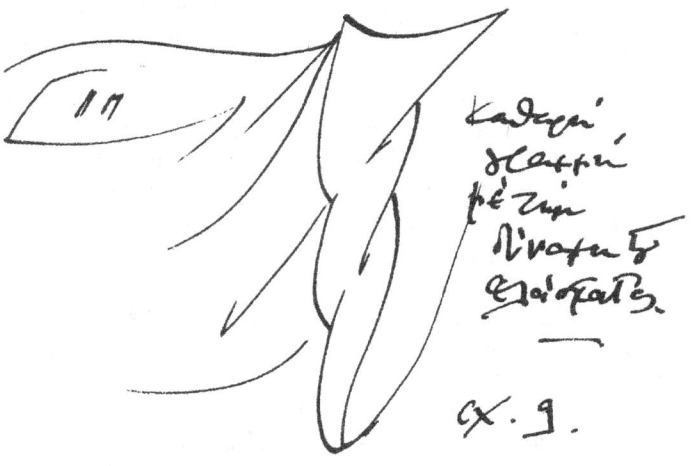

fig. 2.5.
Una línea clara y flexible como una lámina de metal.

Capítulo 3

Bocetos con comentarios

σχ. 1. Σχεδιασμὸς κεφαλῆς στὴν στάση τῆς μετωπικότητας

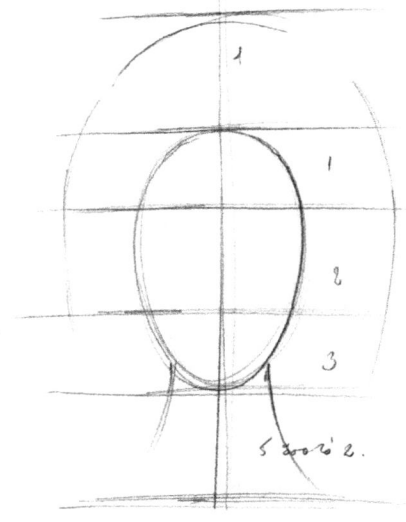

fig. 3.1.
Cabeza de frente

Comentario

La forma oval de la cara se coloca simétricamente sobre la superficie.
La curva del cabello se mueve en la misma dirección que la de la cabeza.
La cara se divide en tres secciones iguales
(la nariz, la sección central, es a menudo más grande).
El pelo y la garganta son del mismo tamaño que la sección media.
La Sección 5 es del mismo tamaño que la sección 2.

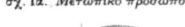

σχ. Ια. Μετωπικὸ πρόσωπο

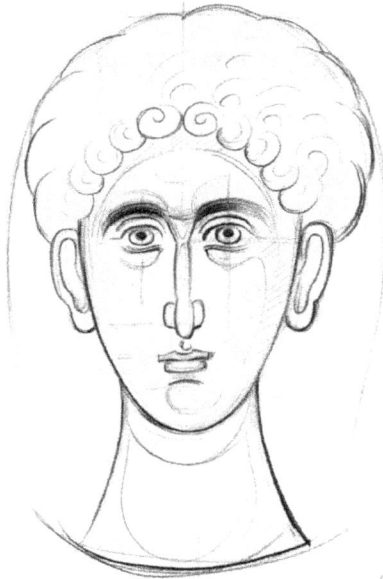

fig. 3.2.
Rostro de frente.

Comentario

Cuando la cara se dibuja de frente se coloca simétricamente en el eje vertical que divide la figura.
Esta simetría da equilibrio, aunque sea estática. La forma parece inerte, carente de energía, y la mirada suspendida, por eso no se encuentra con la del espectador, va más allá y se centra en algo detrás de él.
Se podría decir que esta pose frontal le da objetividad al rostro, en el sentido de que se mantiene frente al espectador sin ejercer energía o movimiento hacia él.
Esta pose se encuentra con frecuencia en el período pre iconoclasta, luego de este período se vuelve menos común y se sustituye por posturas en las que la cara se coloca de una manera dinámica en la superficie.
Por lo tanto no nos ocuparemos de esta pose frontal.

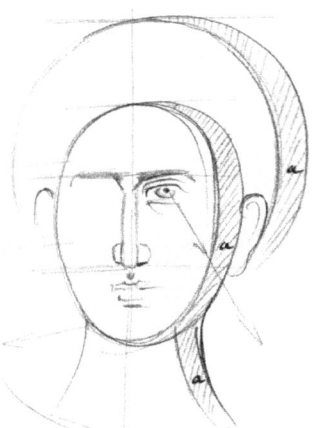

fig. 3.3.

Pose frontal dinámica.

Comentario

El lado derecho de la cara se amplía como se puede ver en la sección a. Esto da la sensación de que está apareciendo por la izquierda. Posicionar el rostro de esta manera asimétrica sobre el eje da la sensación de movimiento desde la superficie hacia afuera. Dado que no hay profundidad de perspectiva, la figura sale hacia el espacio ocupado por el espectador. La mirada de la figura se mueve en la dirección opuesta a la de la cabeza, así hay dos fuerzas o energías opuestas que hacen contrapeso entre sí, creando un estado de equilibrio dinámico. El rostro parece alejarse y sin embargo siempre está ahí: si bien está siempre presente, tiende a alejarse. El movimiento es el tiempo. La quietud es la eternidad. El encuentro de ambos es el momento del aquí y ahora.

Con la *pose frontal dinámica* la figura está unida al espectador, de manera que su mirada lo sigue a todas partes, de esta manera, el santo está presente en *todas partes*: no sólo ocupa el mismo espacio, sino que también existe en el mismo tiempo que la tercera persona, existe con referencia, gracias y través del espectador.

Un cono óptico se crea frente al ícono por medio de las fuerzas que emanan de la superficie y el flujo hacia fuera de la figura. El espectador entra en este cono óptico y al hacerlo se une al icono y forma parte de la obra.

Las fuerzas que trabajan aquí son el movimiento de la cabeza y el movimiento de contrapeso de la mirada. El color también juega su parte, como veremos a continuación. Por último, las líneas y su calidad tienen un papel importante en la proyección de la figura hacia el espectador y en poner a ambos en comunión. Esto es lo que me propongo demostrar a continuación, a través de la explicación de la etapa final de la creación de la pose frontal dinámica.

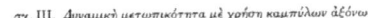

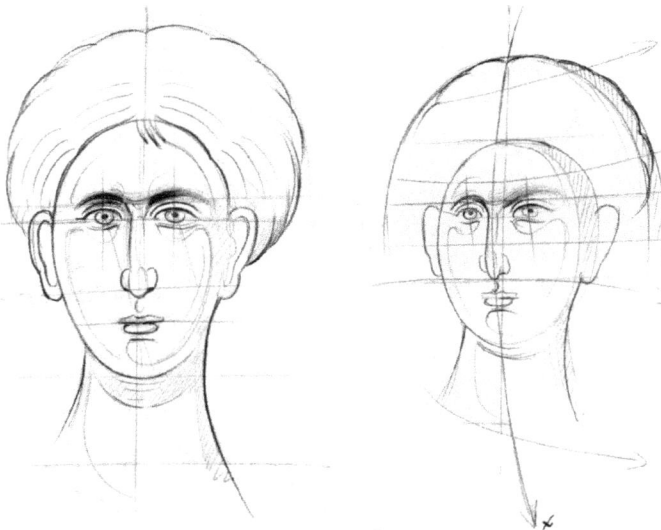

fig. 3.4.

*Pose frontal dinámica
con ejes verticales*

fig. 3.5.

*Pose frontal dinámica
con ejes curvos*

Comentario

*La cara se ubica de frente de la manera dinámica descripta antes, es
decir, de forma asimétrica, con el lado derecho más amplio que el
izquierdo. Los rasgos faciales y la luz se disponen en la superficie
usando ejes curvos. El eje vertical x comienza en la mitad del cabello,
se mueve a la izquierda del eje vertical y a continuación se nivela y se
extiende más allá del eje vertical hacia la derecha. Los dos ejes
horizontales (ψ) se inclinan uno hacia arriba desde el centro de la
cara, y el otro, también desde el centro de la cara, se inclina hacia
abajo, siempre con poca diferencia de la línea horizontal.
Esta era una técnica ampliamente empleada en el período
Palaeologue[6] . Vemos que todo en el rostro adquiere movimiento
dinámico y se evita la inercia característica de la pose frontal.*

---

6. Para ejemplo ver los trabajos de Panselinos o los frescos en la Iglesia de los Huér-
fanos de San Nicolás en Tesalónica.

En este esquema la función de perspectiva de la línea, de la que hemos hablado antes, es claramente evidente: los rasgos se dibujan transversalmente sobre la superficie, sin embargo, también se mueven transversalmente alrededor de los ejes, de esta manera se consigue equilibrio y ritmo, que es el objetivo final . En el ojo, por ejemplo, las fuerzas se equilibran internamente, lo mismo puede decirse de la nariz y todos los otros detalles, como se ve claramente en la figura 3.6

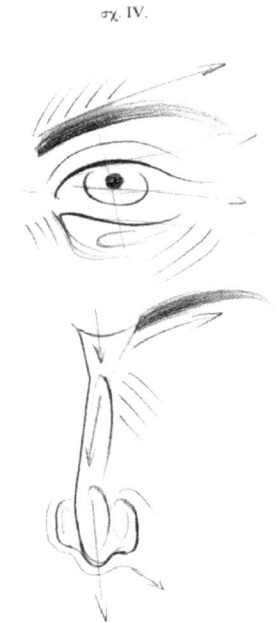

Por lo tanto, lo que se produce es una creación artística que se caracteriza internamente por: pureza, porque se han eliminado los movimientos opositores y perturbadores; unidad, porque todos los elementos que componen el rostro participan de un ritmo en común; y una sensación de movimiento hacia el espectador, por quien existe la obra.
Cabe señalar que estas cualidades se aplican tanto al color como a la línea.

fig. 3.6.

σχ. V.

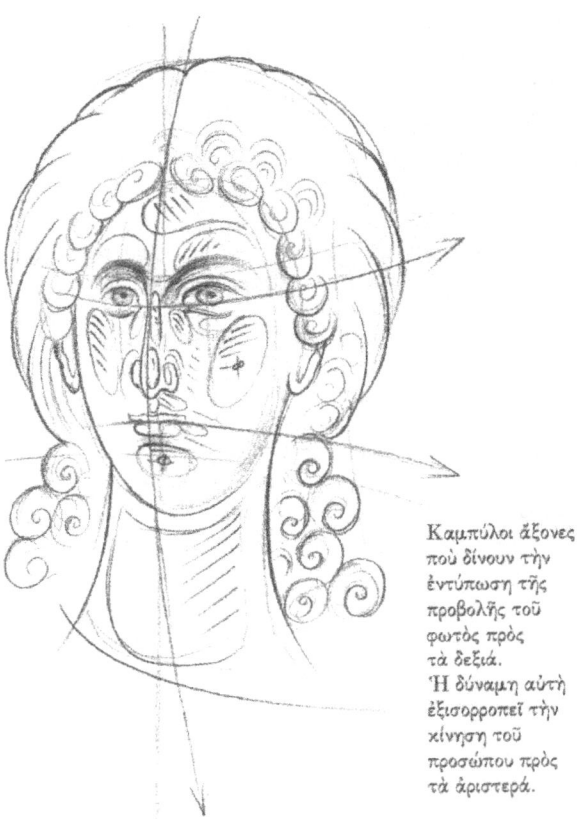

Καμπύλοι ἄξονες
ποὺ δίνουν τὴν
ἐντύπωση τῆς
προβολῆς τοῦ
φωτὸς πρὸς
τὰ δεξιά.
Ἡ δύναμη αὐτὴ
ἐξισορροπεῖ τὴν
κίνηση τοῦ
προσώπου πρὸς
τὰ ἀριστερά.

fig. 3.7.
Ejes curvos que dan la impresión de proyectar la luz hacia la derecha.
Esta fuerza equilibra el movimiento del rostro hacia la izquierda.
Este dibujo muestra el movimiento de la luz en el rostro. La dirección de las
pinceladas también ayuda a crear perspectiva y una sensación de movimiento,
lo que construye el ritmo del todo.

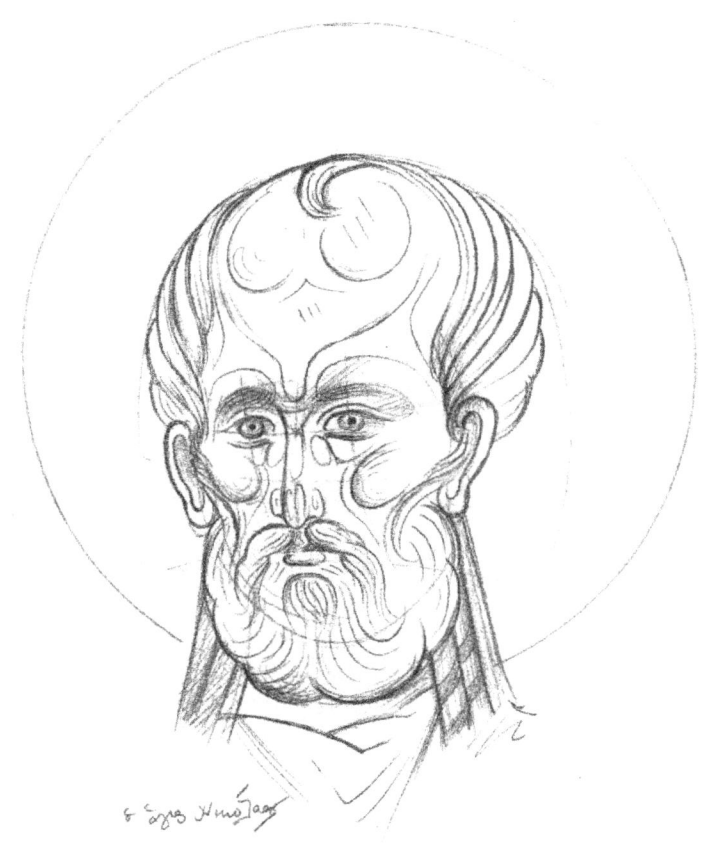

fig. 3.8.
San Nicolás

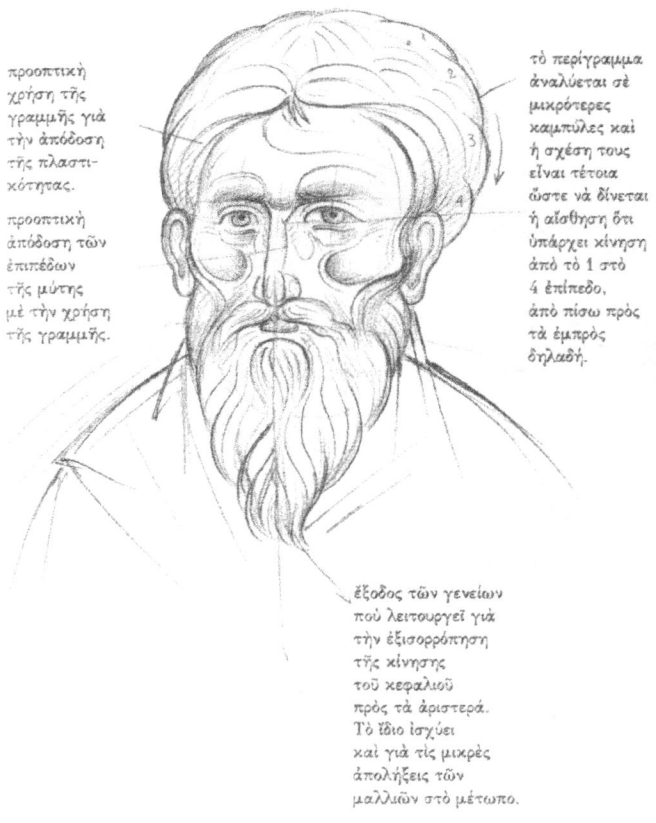

σχ. VII.

Σχετικὰ μὲ τὸν σχεδιασμὸ τῶν μαλλιῶν καὶ τῶν γενείων

προοπτικὴ
χρήση τῆς
γραμμῆς γιὰ
τὴν ἀπόδοση
τῆς πλαστι-
κότητας.

προοπτικὴ
ἀπόδοση τῶν
ἐπιπέδων
τῆς μύτης
μὲ τὴν χρήση
τῆς γραμμῆς.

τὸ περίγραμμα
ἀναλύεται σὲ
μικρότερες
καμπύλες καὶ
ἡ σχέση τους
εἶναι τέτοια
ὥστε νὰ δίνεται
ἡ αἴσθηση ὅτι
ὑπάρχει κίνηση
ἀπὸ τὸ 1 στὸ
4 ἐπίπεδο,
ἀπὸ πίσω πρὸς
τὰ ἐμπρὸς
δηλαδή.

ἔξοδος τῶν γενείων
ποὺ λειτουργεῖ γιὰ
τὴν ἐξισορρόπηση
τῆς κίνησης
τοῦ κεφαλιοῦ
πρὸς τὰ ἀριστερά.
Τὸ ἴδιο ἰσχύει
καὶ γιὰ τὶς μικρὲς
ἀπολήξεις τῶν
μαλλιῶν στὸ μέτωπο.

fig. 3.9.

El dibujo del pelo y la barba
Las líneas se dibujan transversalmente a través de la figura para crear volumen
y perspectiva.
Las líneas se utilizan para crear el nivel de la nariz y por lo tanto perspectiva y
proyección hacia el exterior.
El contorno del cabello se divide en curvas pequeñas, y la conexión entre ellas
busca dar la sensación de movimiento desde el nivel 1 al nivel 4, es decir, desde
la parte posterior a la parte frontal de la cabeza.
La barba y los mechones de pelo en la frente se dirigen a la derecha,
equilibrando el movimiento de la cabeza hacia la izquierda.

Comentario

La forma en que se dibujan el cabello y la barba es particularmente importante y juega un papel fundamental en la construcción de la sensación de ritmo en la figura. No debe haber interrupciones en el movimiento del contorno, y las transiciones entre curvas más pequeñas deben ser lisas y mantener un sentido de flujo. La forma del contorno debe ser perfecta, pero al mismo tiempo debe estar rota y transmitir movimiento a través de una correcta relación entre las líneas pequeñas, vinculando la imagen con el espectador.

Aquí debemos tener en cuenta que la cabeza del santo está rodeada por un halo, por lo que se requiere una especial atención en la elaboración del contorno del cabello. Esto se debe a que la forma circular del halo actúa como un punto de referencia y como es una forma perfecta, pone en relieve las imperfecciones del contorno del cabello.

El pelo y la barba se construyen internamente dibujando líneas transversales en cada forma.

Por supuesto, el punto aquí es establecer un sentido del ritmo: cada elemento en el pelo y la barba debe relacionarse con el mismo punto de referencia y construir así el ritmo de toda la cara.

Si no se logra un ritmo común entre el pelo y la barba por un lado, y la cara por el otro (algo que no es infrecuente) se provoca una fragmentación. La unidad de la figura se rompe y sus posibilidades de proyección y referencia se reducen

Otro error común es dar mayor vigor y plasticidad al cabello que a la cara, en este caso, la cara queda violentamente separada de la superficie de la obra y se crea una sensación de tensión.

Esto es algo que hay que evitar.

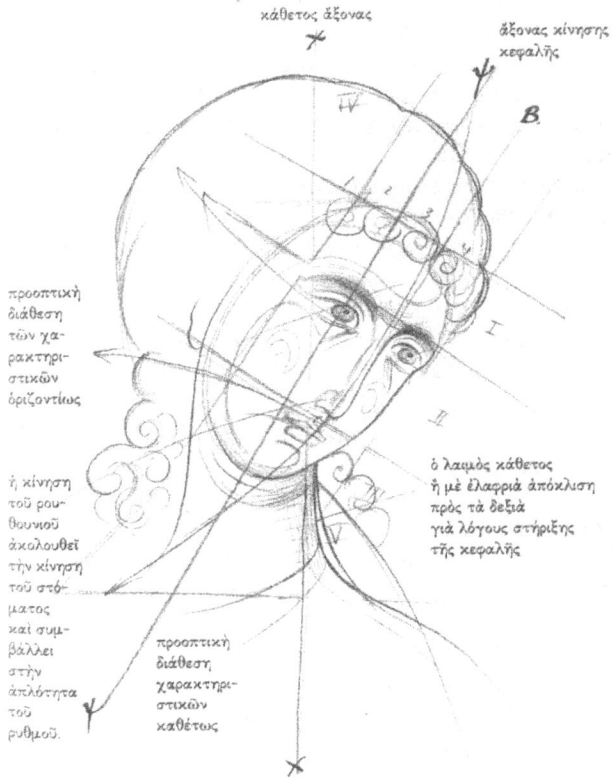

σχ. VIII.
Σχεδιασμὸς κεφαλῆς στὴν στάση τῶν 3/4

κάθετος ἄξονας

ἄξονας κίνησης κεφαλῆς

B.

προοπτικὴ διάθεση τῶν χαρακτηριστικῶν ὁριζοντίως

ὁ λαιμὸς κάθετος ἢ μὲ ἐλαφριὰ ἀπόκλιση πρὸς τὰ δεξιὰ γιὰ λόγους στήριξης τῆς κεφαλῆς

ἡ κίνηση τοῦ ρουθουνιοῦ ἀκολουθεῖ τὴν κίνηση τοῦ στόματος καὶ συμβάλλει στὴν ἁπλότητα τοῦ ρυθμοῦ.

προοπτικὴ διάθεση χαρακτηριστικῶν καθέτως

fig. 3.10.

Cabeza en tres cuartos perfil
Ejes verticales
Ejes de acuerdo con el movimiento de la cabeza
Los rasgos faciales se ejecutan sobre ejes curvos (horizontales)
para crear perspectiva.
El movimiento de las ventanas de la nariz siguen al de la boca, lo que
suma a la simplicidad del ritmo.
Los rasgos faciales se ejecutan sobre ejes curvos (verticales) para crear
perspectiva.
La garganta es vertical o ligeramente inclinada hacia la derecha para
sostener la cabeza.

Comentario

Es una postura muy común, que se encuentra principalmente en las escenas o composiciones, donde se evita el perfil y la pose frontal, estas dos posiciones no permiten la creación de relaciones entre las figuras y los elementos en una composición (pose frontal) o no pueden llevar a cabo la función referencial (perfil). Además, el perfil parece haber adquirido otra connotación importante debido a su incapacidad para proyectar la figura y por lo tanto conectar al icono con el espectador, es por eso que las personas no santas como Judas son a menudo, aunque no siempre, mostradas de perfil.

La pose tres cuartos perfil se utiliza mucho en el arte bizantino, en esta pose la cara y el cuerpo se colocan transversalmente sobre la superficie, y por lo tanto entran en una relación dialéctica con ella, moviéndose desde la obra hacia el espectador.

Por lo general, una figura en esta pose hace reverencia (se inclina hacia delante), o mira hacia el cielo.

En el primer caso se trabaja de la siguiente manera: se traza el eje vertical y a continuación, el eje del movimiento de la cabeza. Sobre este telón de fondo ponemos el óvalo de la cara de manera simétrica.

La dividimos en tres partes, y le agregamos una parte más arriba, y otra abajo, en la garganta. Se dibuja un círculo para el cabello, que corona la cara y tiene una relación dialéctica con ella, ya que el pelo, en contraste con la cara, parece inmóvil.

Después dividimos el óvalo de la cara en cuatro partes verticalmente, tomamos tres de las cuatro secciones y trazamos la nariz en el eje B.

Se dibujan ejes curvos vertical y horizontalmente con el fin de crear, como en la pose frontal, una actitud dinámica, ritmo y sensación de flujo continuo hacia el espectador. Los rasgos se dibujan con cuidado para no distorsionar y no destruir la coherencia fundamental que se necesita para mantener la unidad de la forma hipostática del santo representado en el icono.

σχ. VIIIa.

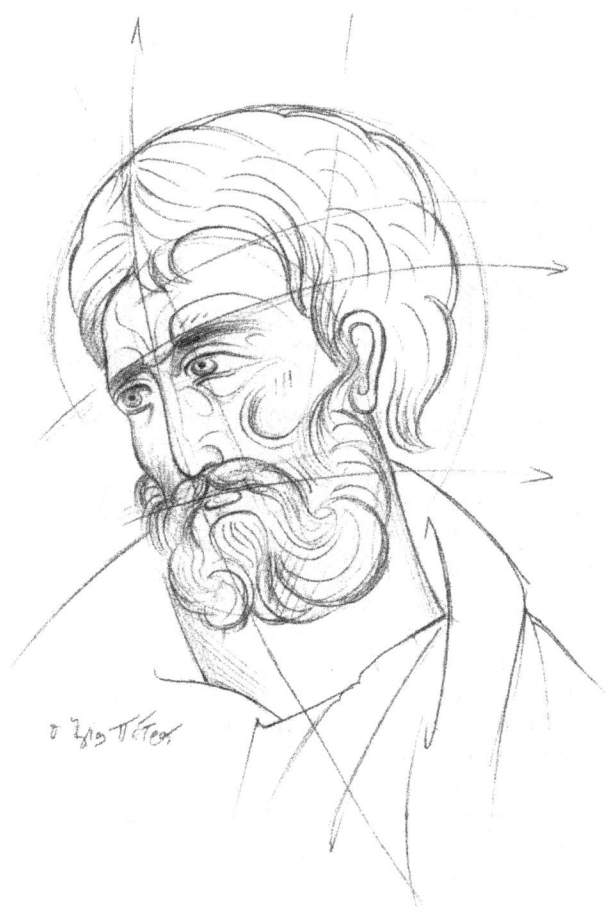

fig. 3.11.
San Pedro

σχ. VIIIb.

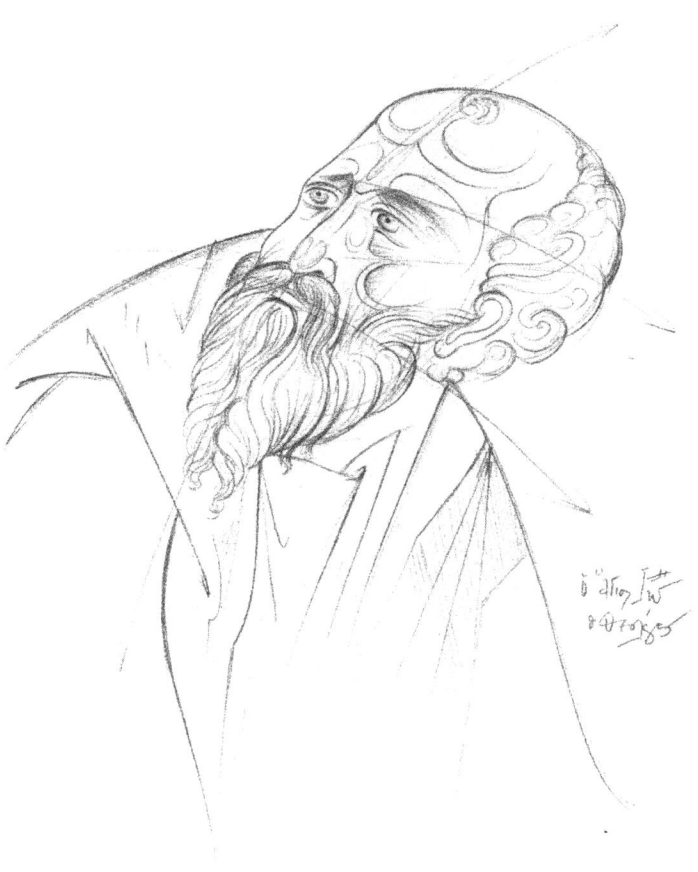

fig. 3.12.
San Juan, el Teólogo

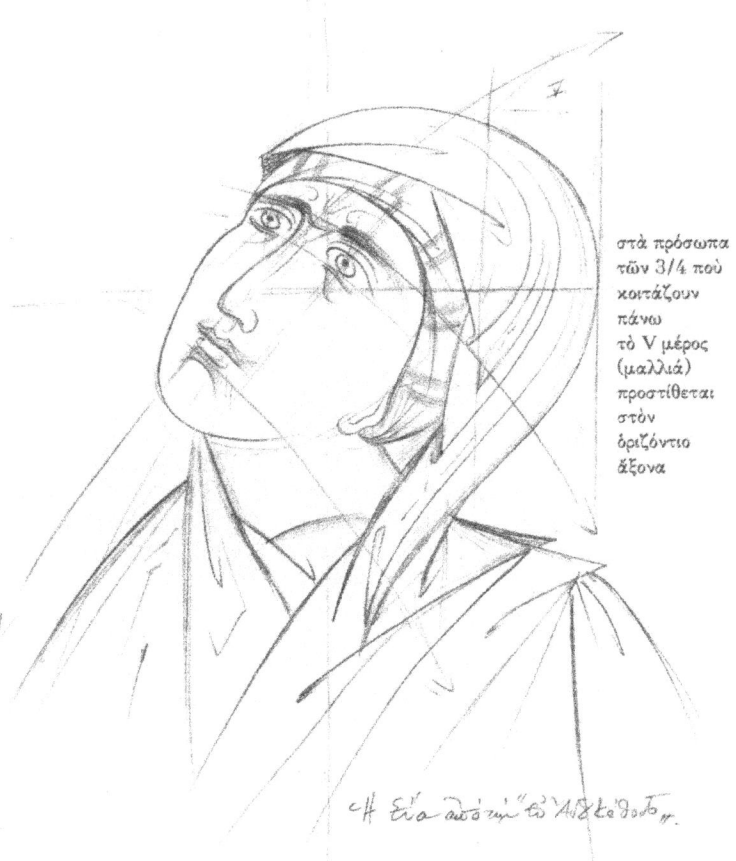

σχ. VIIIc.

στὰ πρόσωπα
τῶν 3/4 ποὺ
κοιτάζουν
πάνω
τὸ V μέρος
(μαλλιά)
προστίθεται
στὸν
ὁριζόντιο
ἄξονα

fig. 3.13.
Eva, del icono de la Resurrección de los Muertos o el descenso a los infiernos. La figura es de tres cuartos perfil y mira hacia arriba. En este caso, la quinta parte (el cabello) se añade sobre el eje horizontal.

Las dimensiones de la figura humana

Muchos sistemas de medición se encuentran en la tradición bizantina, con su riqueza de ideas y soluciones estilísticas. Así nos encontramos con figuras construídas en una proporción de seis a nueve "cabezas" o secciones (la unidad de medida de la figura es la cabeza). Incluso hay ejemplos (sobre todo en el arte de la época Comnene) en que se exageran las dimensiones de la figura humana, con diez u once divisiones. Estos casos son raros, sin embargo, los artistas bizantinos, como regla, mantienen un sentido de la proporción, trabajando con siete u ocho secciones, esto resulta en figuras más elegantes, más ágiles y más dinámicas.

En la figura 3.14. la figura humana se construye utilizando aproximadamente siete u ocho partes, las piernas tienen hasta cuatro segmentos, mientras que la pelvis, la mitad superior del cuerpo y la cabeza llenan los cuatro restantes.

El pie no está incluido en el cálculo y es aproximadamente igual que la cabeza (sin pelo).

La anchura del cuerpo (sin los brazos) es aproximadamente la mitad de una sección.

La longitud de los brazos, con las palmas extendidas, es de tres a tres y media secciones.

Estas proporciones, por supuesto, no son fijas y pueden variar de escuela a escuela y de un artista a otro, incluso si pertenecen a la misma corriente artística.

La postura en íconos de una sola figura

Todo lo dicho anteriormente sobre la proporción de la figura humana se refiere a los íconos sobre tablas y a pinturas murales de figuras individuales, las composiciones se rigen por otras normas, sobre las que hablaremos más adelante.

En los iconos que representan a un solo santo, la figura se dibuja de una manera dinámica sobre la superficie, de manera que la imagen pueda despegarse de la superficie y relacionarse con el espectador. Idealmente la figura debe moverse hacia la izquierda, y la mirada, que ejerce una fuerza de contrapeso a la del cuerpo, se mueve hacia la derecha. Esta es la mejor postura, ya que de esta manera el espectador tiene la impresión de que la mirada del santo se dirige a él, y así se crea una sensación de intimidad. Este fenómeno se debe a que en el contexto de nuestra propia cultura, cuando hay movimiento de izquierda a derecha nos parece que la figura se acerca, y cuando el movimiento es de derecha a izquierda, nos da la impresión de que se aleja. Es por eso que es preferible que en los íconos de una sola figura, ésta esté colocada de tal manera que parezca acercarse al espectador y no lo contrario.

Por supuesto, en las escenas de murales y en una serie de santos de cuerpo entero, tenemos una composición de varios elementos en las que hay que desarrollar otras relaciones entre la cabeza y el cuerpo. Aun así, considerando todas las cosas, las figuras deben ser dibujadas en pose frontal dinámica, para que tengamos el movimiento desde la superficie hacia el espectador.

En nuestra rica tradición artística es frecuente la postura contrapuesta. Dibujamos la cabeza y el cuerpo de manera que tengan movimiento de contrapeso. Si por ejemplo el cuerpo se mueve hacia la izquierda, la cabeza se inclina hacia la derecha, en este caso la mirada caerá en la dirección opuesta a la de la cabeza, es decir a la izquierda.

Debemos señalar aquí que, históricamente, la pose dinámica de frente, aunque se la encuentre antes del período iconoclasta, quedó establecida como norma después de la iconoclasia y no se ha abandonado desde entonces. Las razones de esto son múltiples y no nos conciernen aquí. En cualquier caso los bizantinos lo han tomado prestado, al igual que muchos otros elementos artísticos, de la rica tradición del arte clásico y helenístico, durante el renacimiento de la Edad de Macedonia después del final de la iconoclasia[7]. Lo más probable es que la falta de ejemplos para las figuras –ya que los antiguos íconos fueron destruidos por los iconoclastas–, haya conducido a los artistas bizantinos a buscar la inspiración en las estatuas y manuscritos antiguos que sobrevivieron.

Volviendo ahora al ritmo de la figura de cuerpo entero, lo que se logra principalmente en la fase de dibujo, podemos señalar lo siguiente: como ya se ha indicado anteriormente, el ritmo expresa

---

7. La edad de "Macedonia" en Constantinopla (843-1056)

el modo de ser del ícono en relación con el espectador. Este movimiento une los dos "extremos" de la obra artística, de manera que las dos partes se convierten en un todo inseparable de la creación artística que se llama ícono. Fue sobre esta base que los artistas bizantinos hicieron sus elecciones artísticas (principalmente aprovechando la rica tradición del arte griego del pasado), las elecciones que permitirían expresar el ritmo de las figuras. Lo mismo es cierto en el caso de la posición de la figura de cuerpo entero, es por eso que prefieren la clásica pose en forma de *S*, que a menudo se encuentra en la antigua tradición clásica y helenística.

En esta pose el cuerpo y la cabeza están unidos en forma de *S* abierta o invertida (dependiendo de cómo se mueve el cuerpo), de tal manera que da la impresión de que el cuerpo, aunque permanezca quieto, está en movimiento dinámico. Con esto se consiguen dos cosas al mismo tiempo: una sensación maravillosa de flujo y ritmo en la organización interna de las ropas, y segundo, como resultado de esto, los prerrequisitos para que se produzca el movimiento hacia el espectador, que es la función referencial del icono. Echemos un vistazo a cómo se produce esto.

El cuerpo se coloca de forma dinámica, o sea, asimétricamente sobre el eje vertical, moviéndose hacia la derecha o hacia la izquierda, dependiendo de los requisitos de la composición. La figura se apoya en una pierna, cuya longitud sigue el eje vertical dividiendo el cuerpo en dos. La otra pierna tira ligeramente hacia atrás en la dirección opuesta a la del torso. En las figuras individuales la flexión de la pierna libre por lo general sigue la dirección de la mirada y de la luz. La cabeza también se incorpora al ritmo de la forma de S y se inclina ligeramente hacia abajo.

De esta manera toda la figura adquiere ritmo, y todos los elementos trabajan juntos como mediadores de la presencia del santo.

Esta postura de la S también se utiliza en composiciones, por supuesto siempre y cuando así lo indique el contexto.

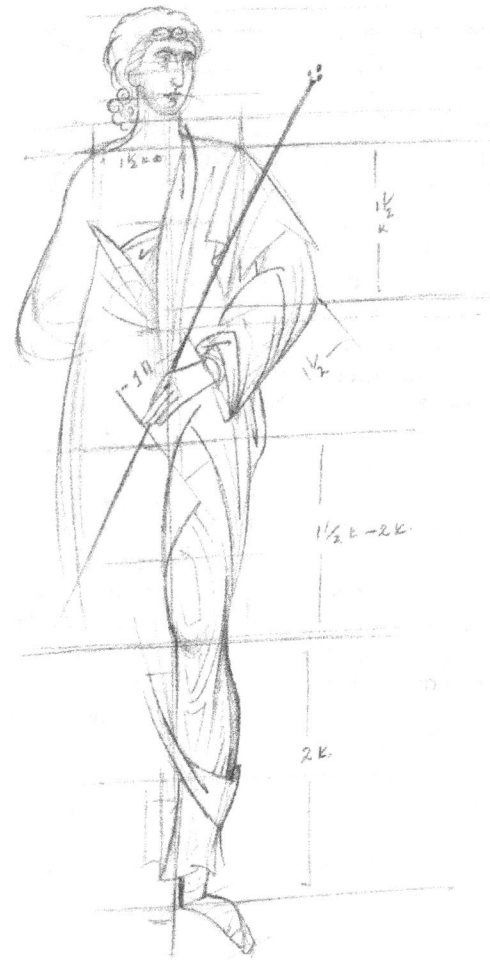

σχ. IX.
'Ανθρώπινη φιγούρα μετρημένη μὲ 8 κεφάλια

fig. 3.14
Figura humana dividida en ocho secciones

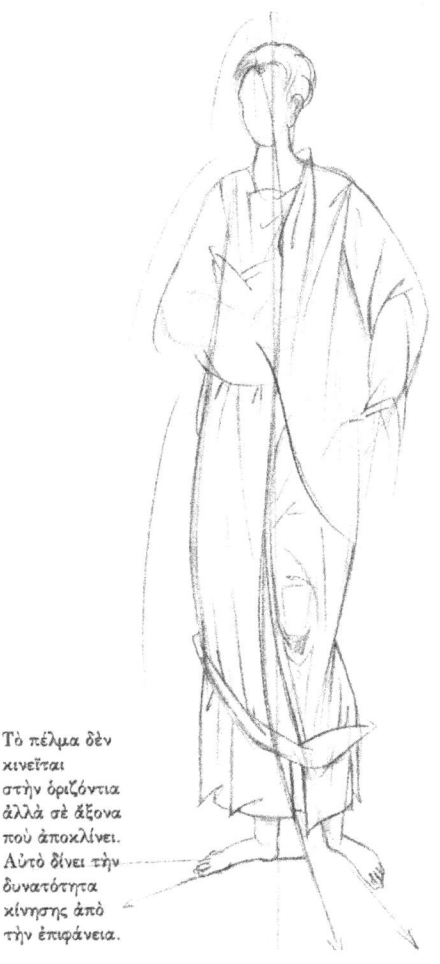

σχ. IXα.

Φιγούρα στημένη δυναμικά στὴν στάση τοῦ ἀντίστροφου S

Τὸ πέλμα δὲν
κινεῖται
στὴν ὁριζόντια
ἀλλὰ σὲ ἄξονα
ποὺ ἀποκλίνει.
Αὐτὸ δίνει τὴν
δυνατότητα
κίνησης ἀπὸ
τὴν ἐπιφάνεια.

fig. 3.15.

Figura colocada de forma dinámica en la pose de S invertida.
El pie se inclina en oposición al eje horizontal, esto provoca un movimiento
hacia afuera de la superficie.

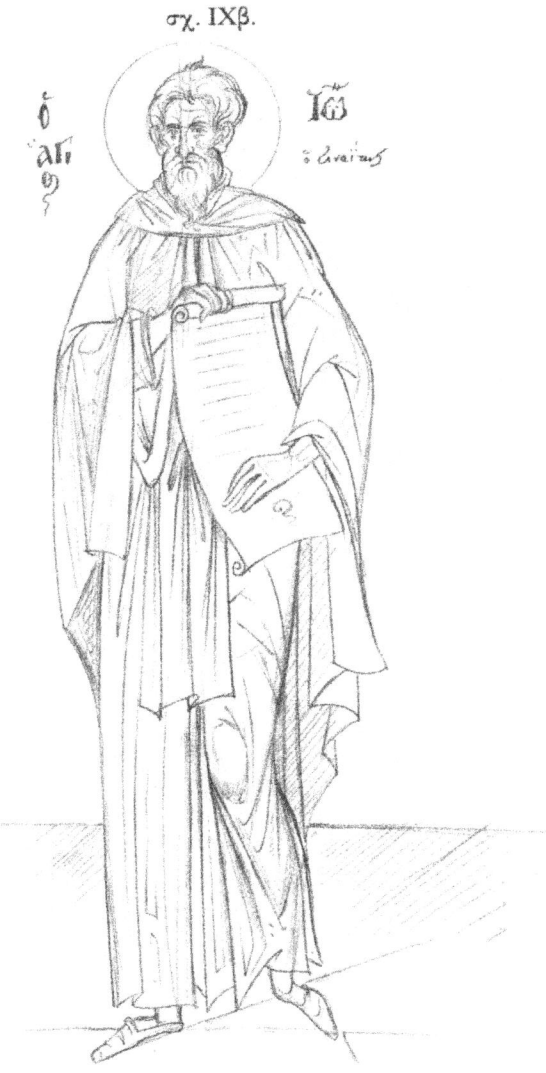

fig. 3.16.
San Juan del Sinai

La figura sentada

Las proporciones del cuerpo necesitan un cuidado especial en esta postura. En particular, al elaborar figuras sentadas en la posición de tres cuartos perfil, debemos calcular la profundidad del cuerpo, algo que queda fuera de la vista en las figuras de pie de frente, entonces tenemos que sumarle entre media a una sección al cuerpo de la persona. Cuando se trabajan las piernas también hay que sumar aproximadamente una 'cabeza' o división, por las mismas consideraciones de profundidad. Para todo lo demás conservamos las mediciones habituales de la figura, como hemos visto anteriormente.

Otro punto que también debe ser mencionado es el uso de la perspectiva vertical. Al igual que con el paisaje y los edificios, los iconógrafos bizantinos dibujaron el cuerpo humano de manera que las líneas de construcción se muevan hacia el espacio habitado por el espectador, esto posibilita la proyección hacia el exterior a través del color y la luz. Con la perspectiva vertical -a la que llamaremos relacional porque acerca la figura y el espectador en una relación y en comunión-, los elementos del fondo se sitúan arriba de los que están en primer plano.

En este sistema de perspectiva, que los bizantinos heredan como un principio artístico del arte de la Antigüedad tardía, las líneas de construcción no se encuentran en algún punto focal, como lo hacen en la perspectiva lineal renacentista occidental. Por el contrario, divergen y crean un cono óptico delante del ícono: un cono óptico de flujos de movimiento y energía en el que el espectador entra, convirtiéndose así en una parte de la obra de arte.

El hecho de que las líneas de construcción no se reúnan en un punto focal en frente de la obra, nos obliga a rechazar como errónea la tesis de que la perspectiva bizantina se invierte. Sin embargo, tampoco aceptamos la explicación de Panayiotis Michelis, según la cual los artistas bizantinos utilizaban este tipo de perspectiva porque veían las cosas desde arriba[8]. Esta teoría, aunque parcialmente correcta, no es válida, ya que no explica el movimiento de las líneas de construcción. Michelis tiene razón al observar que todo se dibuja

---

8. Panayiotis Michelis, αιοθπτικπ θεωρηοη τηζ βνζαντινηζ τεχνηζ (Atenas, 2001), 178

como si se viera desde arriba, pero esto no es suficiente para explicar por qué se adoptó esto. La iconografía no emplea la lógica naturalista, el mundo no se ve a través de la vista física: las figuras se toman de la naturaleza, pero la forma en que se colocan sobre la superficie artística y se desarrollan estilísticamente no se deriva de una visión naturalista del mundo o de cualquier intento de que parezcan naturales. En el uso de la perspectiva, los iconógrafos bizantinos tomaron la representación artística de una figura y el cumplimiento de su función referencial como único criterio, ya que su intención última era vincular el icono y el espectador. Es por eso que alteran la forma humana y realinean las líneas de construcción radialmente con el fin de crear un cono óptico, o un espacio pictórico.

Por lo tanto al dibujar el cuerpo, los hombros y las rodillas se ejecutan sobre la base de la filosofía de la perspectiva que hemos descripto: las partes de adelante se dibujan abajo y las de atrás, arriba, de esta manera las figuras se relacionan con el espectador y se mueven hacia él.

El sistema relacional de perspectiva se aplica menos a menudo en las figuras de pie de cuerpo entero.

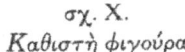

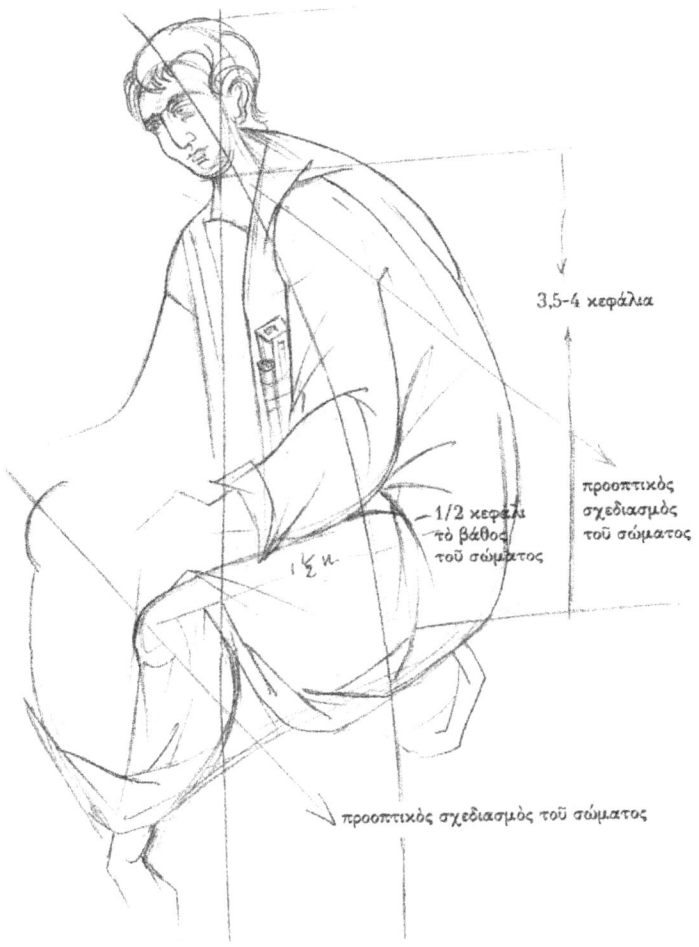

σχ. Χ.
Καθιστὴ φιγούρα

3,5-4 κεφάλια

προοπτικὸς
σχεδιασμὸς
τοῦ σώματος

1/2 κεφάλι
τὸ βάθος
τοῦ σώματος

προοπτικὸς σχεδιασμὸς τοῦ σώματος

fig. 3.17.

Figura sentada
3 ½ a 4 "cabezas" o secciones
½ división para la profundidad del cuerpo .
Perspectiva vertical en el dibujo del cuerpo.

σχ. Χα.

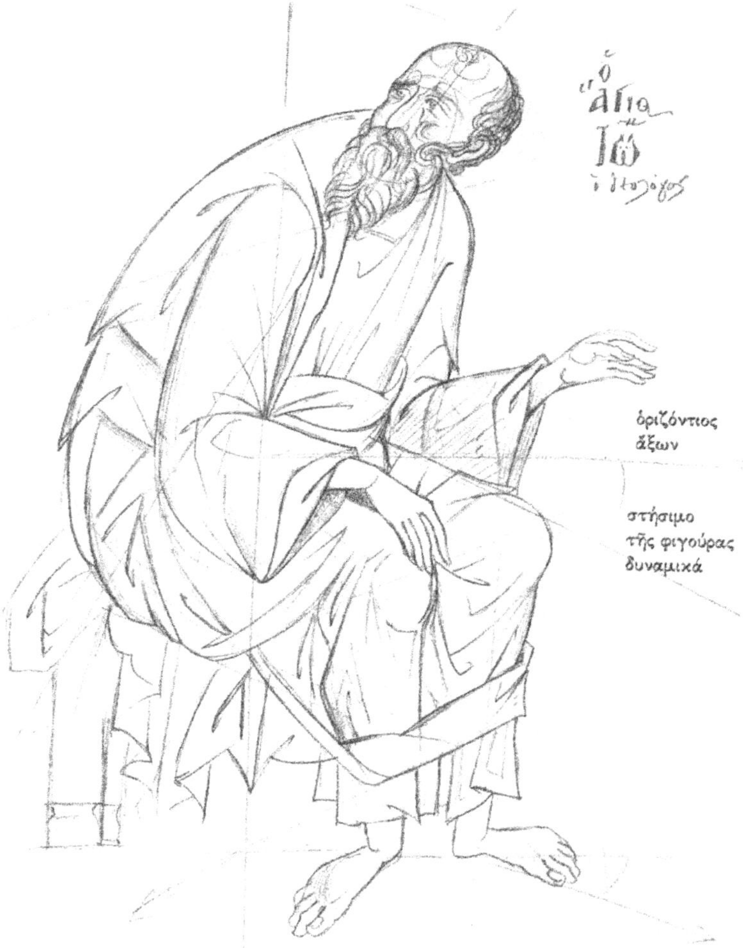

ὁ Ἅγιος Ἰω
ὁ θεολόγος

ὁριζόντιος
ἄξων

στήσιμο
τῆς φιγούρας
δυναμικά

fig. 3.18.
San Juan, el Teólogo
El eje horizontal.
La figura se establece dinámicamente en la superficie.

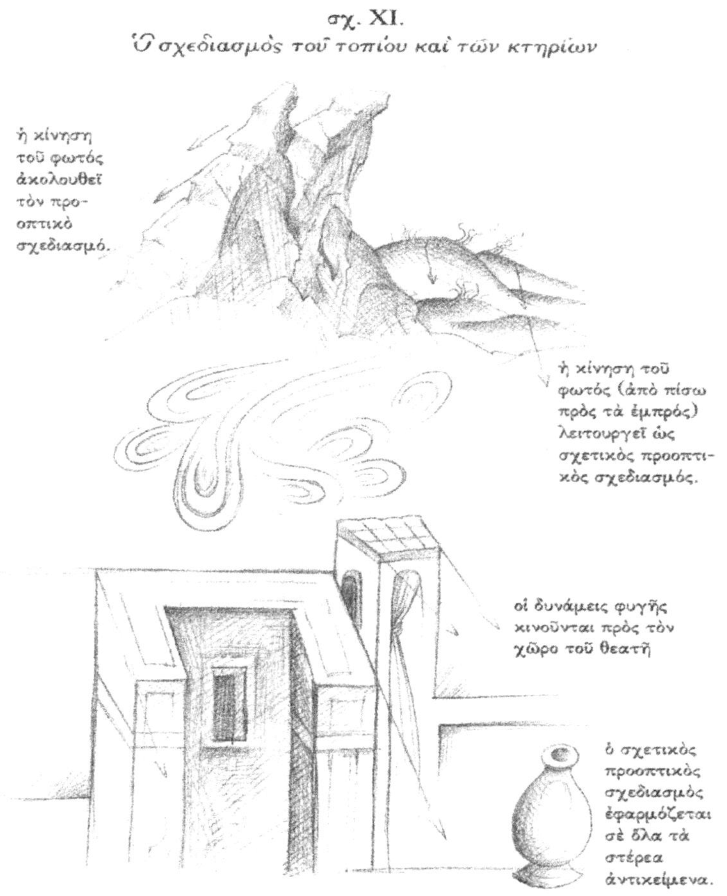

σχ. XI.
Ὁ σχεδιασμὸς τοῦ τοπίου καὶ τῶν κτηρίων

ἡ κίνηση
τοῦ φωτός
ἀκολουθεῖ
τὸν προ-
οπτικὸ
σχεδιασμό.

ἡ κίνηση τοῦ
φωτός (ἀπὸ πίσω
πρὸς τὰ ἐμπρός)
λειτουργεῖ ὡς
σχετικὸς προοπτι-
κὸς σχεδιασμός.

οἱ δυνάμεις φυγῆς
κινοῦνται πρὸς τὸν
χῶρο τοῦ θεατῆ

ὁ σχετικὸς
προοπτικὸς
σχεδιασμὸς
ἐφαρμόζεται
σὲ ὅλα τὰ
στέρεα
ἀντικείμενα.

fig. 3.19.

El dibujo de edificios y paisajes
En las montañas la luz sigue la dirección de la perspectiva vertical.
El movimiento de la luz (del fondo al primer plano) crea perspectiva relacional
o vertical.
Las líneas de construcción se mueven hacia el espacio del espectador.
El sistema relacional de perspectiva se aplica a todos los objetos sólidos.

Comentario

Al dibujar un paisaje (tierra, montañas y agua) y los edificios, se sigue la misma filosofía que ya hemos descripto. Las formas de los elementos y objetos se descomponen en partes más pequeñas, que a su vez se unen de una manera rítmica y se relacionan con el espectador a través del sistema relacional o vertical de la perspectiva. Por ejemplo, a las montañas se les da una estructura de terrazas con el fin de organizarlas rítmicamente y facilitar el movimiento hacia el exterior.

Este procedimiento también se puede observar en los edificios, donde el uso de la perspectiva relacional es claramente evidente. Esta filosofía artística se aplica de manera similar al agua: se descompone en elementos más pequeños, entre los que se forman las relaciones rítmicas. En lo que se refiere a la tierra, la perspectiva relacional se hace principalmente a través de la luz. Por lo tanto, en la serie de niveles paralelos que forman el suelo, la luz entra en el primer plano mientras atrás va la parte más oscura (el color base oscuro o protoplasma).

Esto da la impresión de que el suelo se está moviendo desde la superficie artística hacia el espectador. Vamos a entrar en detalles sobre esto más adelante, cuando examinemos el papel del color y la luz en el ícono.

Capítulo IV

Sobre la composición en la tradición bizantina

En la representación de la figura humana, la composición es sencilla: ya conocemos la posición de los rasgos faciales y de los miembros del cuerpo. Aquí la composición se refiere principalmente a cómo los miembros se relacionan entre sí y con la tercera persona, el espectador.

Se puede decir que en la representación de la figura humana el arte bizantino sigue de cerca la forma natural. Por mucho que el material pueda ser manipulado o alterado estilística y estéticamente, la apariencia natural de la figura nunca se pierde, por una razón obvia. La exageración disminuye la semejanza de la figura en el arte (en el icono) con el original. De acuerdo con la Iglesia, un rostro es la imagen de una persona, representa a esa persona y revela su ser, por supuesto sin describir su esencia.[9] Toda persona –incluyendo a Cristo, porque él es el perfecto ser humano– está representada o revelada a través de la imagen de su hipóstasis. Esta forma es única y no puede ser alterada. Al dibujar personas y naturaleza y darles forma artística, el artista no puede borrar la semejanza necesaria con el modelo o prototipo. (Según San Nicéforo, es la persona representada o su forma humana lo que esencialmente es un ícono). En la exposición artística y la representación del original, se pueden hacer modificaciones (en realidad ellos purifican a la persona representada, relacionándola con el espectador), pero las alteraciones no pueden ser tan profundas ni tan numerosas como para destruir la semejanza. Esto explica por qué los iconógrafos no tienen un gran número de tipos o formas artísticas de la misma persona, ya que para ellos esto sería la

---

9. Sobre esto ver: George Kordis, εικονα, εικονιομα, εικονονγια (Atenas: Armos,1998).

abolición de la imagen en sí, poniendo en peligro su carácter único, y por lo tanto la propia hipóstasis de la persona.

Comenzamos diciendo que en el caso del cuerpo humano la composición está establecida y restringida por su forma natural. Pero ¿qué sucede en las composiciones más complejas que representan escenas de la Biblia y de la tradición de la Iglesia? Si bien los personajes *dramáticos* pueden estar determinados y limitados, todavía tenemos la importante cuestión de dónde colocar las figuras.

Los artistas bizantinos no piensan en términos naturalistas, trazando las coordenadas de tiempo y espacio para crear una composición, esto hace que el modo de organizar personajes y elementos sea más complejo. Si pudiésemos tener estas dimensiones, sería simple no sólo decidir dónde colocar las figuras y los objetos en un espacio dado, sino también establecer las relaciones entre ellos.

Debemos explorar el pensamiento que hay detrás de la composición en el arte bizantino. Necesitamos descubrir porqué personajes que nunca se conocieron, y eventos que ocurrieron en diferentes momentos y en diferentes lugares, se encuentran en el mismo plano.

A menudo se buscan argumentos teológicos para explicar cómo los límites del tiempo y el espacio pueden ser anulados, haciendo referencia a las maravillas de las energías divinas. Me temo, sin embargo (pero sin poner en duda la naturaleza milagrosa de las energías de Dios en la Economía Divina) que tales explicaciones no son suficientes para entender lo que está sucediendo en la composición de un ícono. Los argumentos en este sentido no nos dicen porqué exactamente los elementos de una composición se colocan donde están, ellos simplemente nos dicen que los límites históricos del tiempo y el espacio no pueden contener las energías maravillosas de Dios. Tan cierto como esto pueda ser, no es razón suficiente para crear arte. Sobre todo cuando hablamos del arte bizantino, es evidente que la composición se rige por una cierta filosofía, y que los iconógrafos no siguen su propio ingenio sino reglas, principios artísticos, y normas.

El significado teológico de la iglesia y la filosofía de la composición en el arte bizantino

El arte bizantino es arte aplicado, en el sentido de que se ha desarrollado para llevar a cabo una función específica dentro del espacio sagrado de la iglesia cristiana. Su objetivo era y sigue siendo mostrar los eventos y las personas de la tradición de la Iglesia que han tomado parte en la obra de la economía divina de la salvación de la humanidad. Es a la iglesia "física" que debemos recurrir para entender la filosofía que subyace en la composición iconográfica. Cualquier intento de hacerlo sin recurrir a la arquitectura y al diseño cristiano sería en última instancia errónea e incompleta. Lo que queda, entonces, es determinar la función de la decoración de la iglesia, lo que necesariamente implica también discutir el significado teológico de la arquitectura eclesiástica.

El diseño clásico de una iglesia ortodoxa es un edificio con la forma de una cruz en un cuadrado, y una cúpula por encima. Este plano fue adoptado por la Iglesia después de varios siglos de experimentación y ha permanecido inalterado desde su regularización entre los siglos séptimo y octavo. Esto se adoptó no sólo por razones estéticas, sino principalmente porque esta forma expresa admirablemente la creencia ortodoxa en la persona de Cristo y la concepción de la Iglesia como su cuerpo.

Una iglesia ortodoxa es, pues, una combinación de dos formas diferentes: un cuadrado y una semiesfera (la cúpula). Hay muchas maneras diferentes en que estos dos elementos estructurales se puedan aunar para formar una unidad artística: los arquitectos bizantinos descubrieron muchas variantes magistrales, pero este no es el lugar para discutir eso. En todas las versiones de "la cruz en el cuadrado" la estructura esencial sigue siendo la misma, y esto es lo que nos interesa aquí.

Estas dos formas se eligieron por razones filosóficas específicas. De acuerdo con las concepciones cosmológicas de la época, el cuadrado simboliza la tierra, o el mundo creado, y la cúpula simboliza el cielo, o la realidad increada de Dios. La estructura en su conjunto representa la persona de Cristo, en quien dos naturalezas, la divina y la humana, están unidas. Por lo tanto, el edificio de la iglesia es un ícono o imagen de Cristo, o sea, de la Iglesia, con el "Dios- hombre" como la cabeza y los santos de todos los tiempos como su cuerpo. Así que un templo en nuestra tradición, ha sido correctamente llamado iglesia, porque es la imagen de Cristo.

Hay también otra razón por la cual el templo cristiano es llamado iglesia, es porque allí los creyentes están unidos a Cristo en tiempo y espacio en el misterio de la Divina Eucaristía. Aquí el Espíritu Santo desciende, transformando el pan y el vino en el Cuerpo y la Sangre de Cristo, en lo cual los santos son llamados a participar, y a través de lo cual están unidos a Dios. En la iglesia Dios se hace presente, y la Iglesia se manifiesta en el misterio de la Divina Liturgia.

Ahora tenemos una cierta comprensión de la función de la iconografía y las ideas que rigen su composición. Las iglesias están decoradas con dos fines en mente, el primero es para mostrar a través del arte que la Iglesia es Cristo, que constituye un cuerpo con el Dios-hombre como cabeza y con los santos como sus miembros: se trata de una unidad de lo creado y lo increado; en segundo lugar, lo que ocurre dentro de la iglesia se revela a través de medios artísticos: Cristo y los santos se hacen presentes.

El esquema artístico de una iglesia es dictado principalmente por la primer meta. La organización de la iconográfica en el interior no es accidental: hay una razón para todo, en la cúpula vemos al Cristo Pantocrátor, la cabeza de la Iglesia, en su base se colocan los Profetas que por medio de la gracia de Dios profetizaron la encarnación; ocupando las esquinas estàn los evangelistas, quienes a través de la inspiración divina escribieron relatos de la encarnación y la obra salvífica de Cristo en la tierra. La Madre de Dios como Platitera ['Más ancha que los cielos'] se ubica en la semi-bóveda del ábside, porque fue a través de ella que el Verbo Divino adoptó la naturaleza humana. Escenas de la Economía Divina ocupan la zona alta del cuadrado que representa la tierra o la historia, mientras que los santos que viven en el Señor y que continuamente interceden por nosotros ocupan la mitad inferior.

Mucho más podría decirse de los esquemas iconográficos tradicionales, pero no es lo que nos ocupa aquí, lo que queremos establecer es cuáles principios rigen la composición artística, para ello hay que recurrir a la segunda razón por la que las iglesias se adornan, que es dar la impresión de que las personas representadas en los iconos están presentes.

La iconografía existe con este fin: expresar a través del arte la verdad de que Cristo y los santos están vivos y de hecho presentes en el misterio de la Divina Eucaristía. Del mismo modo, eventos del Antiguo y del Nuevo Testamento deben ser vistos no sólo como han ocurrido en el pasado, sino como se han ido extendiendo a través del tiempo hasta llegar al presente.

Con el fin de transmitir la sensación de que los santos y los acontecimientos de la tradición cristiana están siempre presentes, los iconógrafos bizantinos tomaron ciertas decisiones sobre su arte, si las personas y los acontecimientos van a irrumpir en el presente, entonces deben entrar en las mismas dimensiones del tiempo y el espacio que los devotos. Por lo tanto, el tema representado no debe moverse en otro tiempo o espacio ni, por supuesto, parecer extenderse por detrás de la superficie. Debe moverse hacia el espectador y estar conectado a él, entrando en su propio tiempo y espacio: sólo entonces el propósito del icono se cumple. Sólo entonces la escena o el sujeto representado se experimentará como algo presente.

Fue ésta la filosofía que llevó a los iconógrafos a tomar ciertas decisiones artísticas que determinaron no sólo el papel de la línea y el color, sino también el marco y los principios de la composición en el arte bizantino.

Fundamentalmente abolieron la profundidad artística (el área detrás de la superficie producida por la perspectiva lineal). La creación de la profundidad hace que el objeto se vaya distanciando del espectador, que queda en otro tiempo y espacio. La erradicación de esta profundidad constituye el fundamento de todo el sistema. El método de composición, y en particular la manipulación de lo que ocurre sobre la superficie artística, queda determinado en gran medida por este principio.

El otro factor constante que rige la composición es la sensación de movimiento hacia el exterior, desde la superficie hacia el espectador, que es el punto de referencia de la obra. Este efecto de movimiento se consigue por el modo de trabajar las líneas del dibujo, el sistema vertical o relacional de perspectiva, y el color y la luz. Así se cumple el propósito de la composición: que lo representado en el icono sea percibido como presente.

Con este trasfondo filosófico y teológico en mente, estamos ya en condiciones de discutir los principios fundamentales de la composición en el arte bizantino. Antes de hacerlo, se hará una breve referencia a los orígenes de ciertos elementos iconográficos y a la comprensión óptica que prevalece, lo que también ha tomado parte en la conformación del qué y para qué de la composición.

Sobre el origen de los principios artísticos del arte bizantino

Ya hemos mencionado que el segundo e igualmente importante propósito de este arte sagrado era mediar la presencia de personas y acontecimientos, y que los iconógrafos bizantinos emplearon métodos artísticos en pos de este objetivo. Sin embargo en lugar de idear sus propias soluciones se dirigieron a la gran herencia del arte clásico y helenístico, así como a la de la Antigüedad Tardía. Era el arte de estos períodos el que les proporcionaba las respuestas que necesitaban. Quitar la profundidad y utilizar la línea y el color para construir figuras en la escultura o la pintura, era una técnica ya frecuente en el siglo II de nuestra era. Se dirigieron a este período no tanto por elementos de estilo como por los principios artísticos fundamentales en los que basar su arte, que tenía sus propios objetivos específicos. Fue de este importante período, el expresionismo de la Antigüedad Tardía, que tomaron prestado el sistema vertical de perspectiva, el linealismo y, por supuesto, el método de composición.

De este modo los iconógrafos bizantinos también intentaron expresar el movimiento y el ritmo en su arte, para ello observaron la tradición naturalista clásica, de la que tomaron - además de muchos elementos estilísticos – la plasticidad, la forma dinámica de dibujar las figuras sobre la superficie, y la filosofía del ritmo.

Tomaron sus principios artísticos fundamentales de estas dos fuentes principales y los utilizaron para construir su propio sistema artístico. Esto es lo que reconocemos como el arte bizantino, y tiene las siguientes características:

a) La ausencia de profundidad artística (no hay movimiento hacia atrás de la superficie artística) ;

b) El papel esencial y la importancia fundamental del color en la representación de las formas: las figuras se definen a través del color y no mediante el uso de negro o sombras. La gran importancia del "*color*" o "*colorismo*", para usar el término de una nueva manera;

c) El rol esencial y la importancia fundamental de la línea, que determina cómo aplicar el color. La importancia fundamental de la línea o linealismo;

d) La plasticidad de la figura artística (la yuxtaposición de luz y oscuridad) con el fin de dar la sensación de movimiento hacia fuera de la superficie artística y hacia el espectador;

e) La búsqueda de ritmo (la sensación de movimiento que relaciona la figura con el espectador, uniéndolos).

El sistema óptico bizantino

Bizancio, como heredera natural de la antigüedad griega, también se llevó consigo sus ideas filosóficas. Mathew ha argumentado que, aunque aceptaban la emisión de la luz del sol y entendieron el proceso de elaboración de la sombra, en lo que se refiere a la vista, los bizantinos adoptaron la óptica euclidiana, tal como la expone Theonas de Alejandría en el siglo IV aC[10]. De acuerdo con esta teoría, podemos entender porqué «rayos ópticos" se vierten desde el ojo hacia el objeto. La imagen es percibida y se envía a la imaginación, que se encuentra en el lóbulo frontal del cerebro donde se guardan las imágenes. Uno puede encontrar referencias a esta idea tanto en San Focio como en Eustratius de Nicea. San Juan Damasceno también dice que vemos como resultado del flujo de rayos ópticos del ojo hacia el objeto, ésta es una valiosa pieza de información que nos ha dado uno de los principales apologistas de los iconos, ya que ayuda a explicar la posición de los diferentes elementos en una composición.

---

10. Gervase Matheu, Estética Bizantina (Londres: John Murray, 1963), 153

Esta comprensión de la visión sin duda ha influenciado el modo en que los iconógrafos pensaban su arte y muy probablemente contribuyó a la formación de su sistema de perspectiva, de lo cual hemos hablado anteriormente. Sin duda esto tuvo un papel en el desarrollo de su método de composición, por la idea de que algo es visible si los rayos ópticos emitidos por el ojo llegan a él, obligándolos a "ampliar" la composición, para no opacar ninguno de los elementos "visibles". Esta *claridad de la imagen* es un principio fundamental y se debe en gran parte a esta forma de entender la visión.

Sin embargo, no hay que darle demasiada importancia a esta teoría de la óptica, como ya hemos subrayado, el otro factor que juega un rol igualmente decisivo en cómo funciona la composición, es la energía ejercida por el sujeto representado en el icono, la forma en que se mueve hacia afuera en el espacio arquitectónico. En el arte bizantino, tanto el espectador como el ícono deben responder uno al otro. El ícono se mueve hacia la tercera persona (exactamente como se describirá en breve), que está activa – en oposición a pasiva-, al recibir las imágenes que llegan a ella. El espectador debe conectarse con el ícono para encontrarse con la imagen. Los elementos en el esquema iconográfico de una iglesia presuponen esta interacción por parte del espectador, para poder ser vistos en su totalidad. Tal es el caso de la Anunciación, que a menudo se divide a la izquierda y a la derecha de la parte superior del arco del ábside, así como al observar la cúpula, también hace necesario girar para poder ver todo.

Antes de cerrar esta breve exposición sobre el sistema óptico, hay que tocar un punto importante. La teoría de la visión según la cual los rayos ópticos se emiten desde el ojo no es suficiente para explicar la perspectiva relacional en el arte bizantino, uno puede argumentar que los objetos se invierten con el fin de darles más claridad, o sea, para que puedan ser expuestos de la mejor manera posible, sin embargo, esto no es todo: hay movimiento en el sistema bizantino de perspectiva, los objetos como techos o cumbres de montañas no son simplemente dibujados, sino que se dirigen hacia el espectador.

Los principios fundamentales de la composición en el arte bizantino

Ya que hemos establecido los motivos para decorar el interior de las iglesias con iconografía, ahora estamos en condiciones de establecer los principios que rigen la composición.

El proceso de composición se refiere principalmente a la etapa del dibujo y la aplicación del color. Como ya hemos mencionado, sin embargo, es la línea la que define la existencia del color y por lo tanto, es el componente principal de la composición. Así que una vez más, la línea será el principal objeto de discusión.

La base filosófica de la composición es la *mediación de la presencia del sujeto*, esta fue la razón por la cual los artistas bizantinos abolieron la profundidad (o movimiento hacia atrás de la superficie), que de existir distanciaría las figuras. Lo que hicieron en su lugar fue desarrollar sus figuras sobre la superficie de la pared y moverlas rítmicamente hacia el tiempo y el espacio del espectador. La composición bizantina, por lo tanto, no se trata sólo de una pintura en la pared, sino que es una síntesis permanente de varios elementos que comienza en el yeso, se extiende en el espacio arquitectónico de la iglesia, y se relaciona con el espectador, que es considerado una parte orgánica de la misma. Un ejemplo hará esto más claro: la composición bizantina es como un pedazo de tela tejida, con la pared y el espectador en cada uno de sus extremos, si se elimina el espectador, se destruye el material, él es parte integral de la composición a tal extremo que sin él todo lo que ocurre en la superficie artística no tiene sentido.

Estos dos factores - la eliminación de la profundidad artística y el movimiento del icono hacia afuera en el espacio arquitectónico, son el marco fundamental del arte bizantino y han hecho surgir creativamente sus principios de composición. Igualmente fundamental es la forma en que una obra hace referencia a la persona y tiempo del observador.

Ahora vamos a tratar de analizar cada etapa de la composición por separado y definir los principios de la composición en el arte bizantino.

I. La abolición o sustitución de la profundidad artística

Esta es la base de la lógica de la composición en el arte bizantino. Un icono termina, o tal vez sería mejor decir comienza, en la superficie de la pared o de la tabla. En lugar de la ilusión de profundidad que se encuentra en el arte del Renacimiento, el ícono bizantino se desarrolla sobre un fondo plano, que en los frescos generalmente es oscuro, mientras que en los mosaicos e íconos portátiles es dorado.

El color del fondo es un elemento composicional básico, le da fuerza a las figuras en una obra, ya sea impulsándolas hacia adelante o reteniéndolas. Los fondos oscuros proyectan hacia el exterior, porque las figuras son de colores más claros, mientras que un fondo de color claro, y sobre todo los dorados, crea contraste y las figuras se destacan más, aunque en realidad, el fondo claro tiene una acción vinculante. Contra un fondo de color claro la figura es más oscura y por lo tanto queda "retenida" en una relación dialéctica con el fondo claro, no va más allá y no se mueve hacia el espectador.

Por supuesto los tonos pueden aclararse y se pueden usar más tonos pastel, de cualquier manera, esto sólo funciona bien en pinturas murales, no así en los iconos sobre tablas. Los tonos pastel (que son fríos, ya que contienen blanco) no combinan bien con el oro.

La falta de perspectiva lineal afecta directamente al método artístico y el rol de la línea y del color. La línea adquiere ciertas funciones y un papel más fundamental (para una descripción de cuales véase más arriba). El *"linealismo"* y el *"colorismo"*, o la *centralidad de la línea y el color* son por lo tanto consecuencias directas de este enfoque. Si bien no son en sí mismos principios composicionales, estas características tienen un papel central en la iconografía bizantina, y son los medios por los cuales se ha comprendido su lógica compositiva. Como ya se indicó cuando hablamos de las funciones de la línea, la eliminación de la profundidad también conduce a un enfoque analítico: una figura se divide en varios elementos que se definen por la línea. Este proceso de desconstrucción es una etapa fundamental en la composición y es lo que caracteriza al sistema artístico bizantino. Se encuentra también en las artes aplicadas.

En parte, este principio también determina la posición de los elementos en la superficie. *Al no tener profundidad la composición se desarrolla en términos de altura.* Así es cómo surge el método vertical de composición, que es una característica fundamental del arte bizantino. De acuerdo con este principio, los objetos que están atrás se sitúan por encima, mientras que los que están adelante se colocan más abajo.

El posicionamiento de los elementos no está determinado únicamente por el método vertical de composición, la necesidad de *que la imagen sea clara*, que se deriva de la teoría bizantina de la óptica, también juega un papel decisivo. Personajes y objetos deben exhibirse de tal manera que puedan ser "vistos", y por lo tanto un objeto no debe cubrir a otro.

Hasta cierto punto, el significado teológico del tema también determina donde debe ir y por lo tanto una persona importante o el protagonista de la acción se situará en el centro. De vez en cuando se prefieren las posiciones fuera de centro, sobre todo con el fin de indicar la llegada o salida de Cristo o de otra figura central. En el icono de la Resurrección de Lázaro, Cristo se dibuja a la izquierda con el fin de mostrar el momento de su llegada, porque ha venido a resucitar de entre los muertos a su amigo; pueden encontrarse muchos casos similares a este y cada uno requiere un tratamiento individual.

Por último, la necesidad de preservar el equilibrio y el ritmo es también un factor que determina dónde poner a alguien o a algo, y esto lo trataremos más adelante.

Hasta el momento, podemos observar los siguientes principios compositivos:

1. La abolición de la profundidad (la centralidad de la línea y el color[11]);

2 . El método vertical o relacional de la composición;

3. La claridad de la imagen.

---

11. Ver puntos 2 y 3 al final de la sección "Sobre el origen de los principios artísticos bizantinos".

II . Cómo se refina o purifica la composición

En nuestro análisis de la primera etapa de la composición observamos cómo se plantea el tema y el método de composición vertical. También vimos que los elementos se colocan de manera tal que sean "visibles" en términos de la óptica bizantina, y que las figuras importantes suelen ocupar la posición central. Sin embargo, estas consideraciones marcan sólo el comienzo del proceso de composición, porque todos los componentes deben estar unificados en un todo coherente, sin perder por ello su individualidad. Para que esto suceda, deben perder su autonomía y en su lugar adquirir una energía común y compartir un punto de referencia. Un proceso de refinamiento debe llevarse a cabo, de lo contrario la figura no puede moverse hacia afuera y relacionarse con el espectador, sin una dialéctica interna dentro de la composición esto no puede ocurrir.

Este proceso de refinamiento es similar al neptic[12] cristiano. A través del esfuerzo ascético uno se libera de las pasiones y se une a Dios. El amor de uno por Dios y la unión con Él dependen del grado en que uno se haya limpiado. Lo mismo se puede decir de un icono: cuanto más se purifica de sus "pasiones" (fragmentación interna causada por energías opuestas ejercidas por las partes componentes), más libre se vuelve para moverse y unirse al espectador, a quien debe su propia existencia.

De acuerdo con este proceso de rarefacción, una composición debe lograr un equilibrio en relación con la superficie de la pared, si la composición parece ir hacia dentro de la pared, no se puede mover hacia el espectador. Los elementos deben estar dispuestos simétricamente alrededor del eje vertical central, o en una de las muchas otras maneras que producen un estado de equilibrio dinámico. Por supuesto, el color y el movimiento de los componentes también juegan un rol en este nivel.

---

12. Nepsis literalmente significa "sobriedad", y se refiere a la "observancia espiritual" de la tradición patrística. Según el neptic cristiano, como se ejemplifica en la Filocalia, uno se mantiene observante en su espiritualidad, inteligencia y corazón, todo pensamiento que entre y se mueva en la cabeza y el corazón deben ser cuidadosamente controlados.

Una vez alcanzado el equilibrio, podemos pasar a la siguiente etapa de refinamiento, que es la disposición de los elementos con ritmo interno. Ahora todo en la composición debe adquirir un punto de referencia común. Por lo general, todos los elementos se construyen sobre la base de una única figura, tal como un triángulo, un círculo o una hipérbole. Esta figura proporciona los ejes alrededor de los cuales los diferentes elementos pueden moverse, con el resultado de que no hay movimiento autónomo o extraño. Todo este marco de acciones y la figura en su conjunto adquieren unidad de energía.

La organización de todos los elementos en una composición rítmica es un proceso muy difícil y complicado. Es algo que requiere tanto de un espíritu recto como de conocimiento y experiencia, si se quiere expresar la sabiduría y el espíritu de la Iglesia. Hay innumerables maneras de crear ritmo. En términos artísticos un icono no es algo limitado o finalizado sino algo abierto a un sinfín de posibilidades. Esto se puede ver a partir de las grandes riquezas de la tradición bizantina, en la que pueden encontrarse un gran número de variaciones rítmicas.

Este ritmo interno impregna todos los aspectos de una composición, hasta la pincelada final. Afecta no sólo a los contornos, sino también a la construcción interna de elementos como caras y ropas, hasta llegar a las zonas donde se aplican los tonos medios o medias luces (lamata) y las iluminaciones (psimythies).

Ejemplos de diferentes tipos de disposición rítmica se describirán a continuación.

En este punto deben tenerse en cuenta los siguientes principios compositivos:

1. El equilibrio

2. El ritmo interno de disposición de elementos en una composición.

III. La figura o composición se mueve hacia el espectador

Aunque compuesta por muchos elementos diferentes, una composición que ha sido objeto de los procesos descriptos anteriormente constituye un todo unificado. Se requiere que la figura o la composición salgan de la superficie de la pared para encontrarse y conectarse con el espectador, esta es la etapa final de la creación del ritmo del ícono.

Aquí maestros bizantinos tomaron prestado el ritmo de las antiguas artes griegas aplicadas, adaptándolo a sus propios fines. Lo que hicieron fue lo siguiente: un objeto es sometido a dos fuerzas opuestas y la sensación que se crea es al mismo tiempo de movimiento y de suspensión del movimiento. En el arte griego clásico este estado de equilibrio dinámico sólo se encuentra dentro de una obra de arte, que está en su propio tiempo y espacio y sigue siendo un objeto separado del espectador[13]. En el arte bizantino esta sensación de ritmo se lleva a un paso más allá, el movimiento se ha creado en función de la tercera persona, y por lo tanto la obra de arte se conecta con ella.

Al aplicar la teoría del ritmo a los íconos, los artistas bizantinos movieron las fuerzas de la obra hacia el espectador, sometieron las figuras a dos fuerzas opuestas que fluyen desde la superficie y crean un cono óptico delante del ícono, de esta manera el trabajo existe por el espectador y de él depende, se mueve en su espacio y tiempo: allí hacia donde él se mueve el icono se mueve también, y donde quiera que él esté el icono también está.

Llevó muchos siglos de experimentación creativa para llegar a esto. Los iconógrafos finalmente tuvieron éxito en sus intentos a través de la utilización correcta de la línea (como ya se ha mostrado), y sobre todo a través del sistema relacional de perspectiva, y a través del color y de la luz.

La gente, el paisaje y los objetos se dibujan de manera tal que las líneas de construcción emanen de la superficie de la pared y creen

13. Ver C. Karousos, αρχαια τεχνη (Atenas, 1981)

el cono óptico que hemos mencionado. Los colores y la luz trabajan junto a las líneas de construcción para el mismo fin.

Como es bien sabido, en el arte bizantino no hay ninguna fuente interna o externa de la luz. Las personas y los objetos son iluminados no por razones naturalistas, sino por motivos puramente artísticos. Las cosas tienen forma no porque la luz caiga sobre ellas, sino por la plasticidad que deben tener, porque no hay profundidad en el icono, y porque se deben dirigir hacia afuera. Los iconógrafos comienzan con colores cálidos y oscuros (protoplasma) y terminan con colores claros y fríos (luces, medios tonos y el color de la piel). Trabajar a partir de colores oscuros hacia los tonos de la piel crea movimiento desde la superficie del icono hacia el espectador. Este movimiento de color y luz, junto al sistema relacional de perspectiva, es lo que consuma el ritmo en el ícono y lo lleva a la comunión con el espectador. La luz siempre, o casi siempre, concuerda con la dirección de las líneas de construcción y actúa como un contrapeso a cómo un objeto se mueve dentro de una composición.

Varias excepciones a esta regla se pueden encontrar en los edificios y aún más en las montañas. Por ejemplo, las montañas suelen moverse en la misma dirección que la perspectiva vertical y, como es de esperar, la luz las acompaña, en este caso la montaña tiene su contrapeso en su otro lado, que funciona como un soporte y permite de tracción opuesta.

En esta etapa vamos a observar los siguientes principios compositivos:

1 . El sistema relacional de perspectiva.

2 . El papel del color y la luz en la creación de la proyección.

Estos principios compositivos constituyen un marco que define los límites dentro de los cuales un iconógrafo puede trabajar de forma creativa, sin romper con el sistema y alterar el carácter del arte bizantino. Estas reglas no limitan la forma en que se pueden manejar el equilibrio o el ritmo, una vez más, esto se confirma por la gran cantidad de ejemplos de ritmo y movimiento, equilibrio y composición que se pueden encontrar.

Esperamos haber dado un esbozo de la teoría y la práctica del arte bizantino, hemos tratado de delinear los fundamentos esenciales de la tradición, sin definir las características estilísticas de los diferentes períodos, de esta manera uno puede entender cómo el arte de los periodos Paleólogo y Comnene, y la Escuela de Creta, son todos bizantinos a pesar de las obvias diferencias de estilo. Toda esta iconografía está formada por el mismo enfoque compositivo básico.

Esta definición de los principios composicionales del arte bizantino también pueden ser utilizados como una guía para la creación de nuevas obras, y para analizar ejemplos existentes. Esperamos haber proporcionado las herramientas para forjar vínculos creativos con la tradición. Por desgracia, a menudo se utilizan criterios equivocados para interpretar este arte, y como resultado de ello no lo entendemos, y no podemos enriquecerlo con nuestros propios esfuerzos.

Damos aquí tres bocetos en los que intentamos aplicar nuestra teoría de la composición en el arte bizantino.

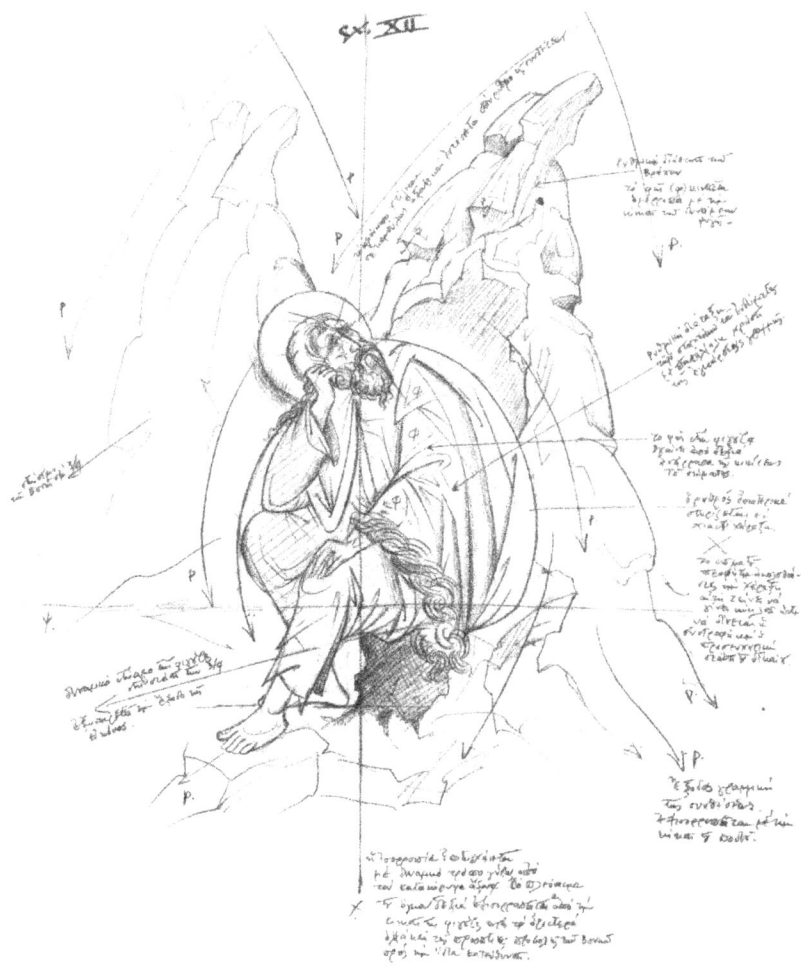

fig. 4.1.

Las montañas se sitúan en posición ¾ .

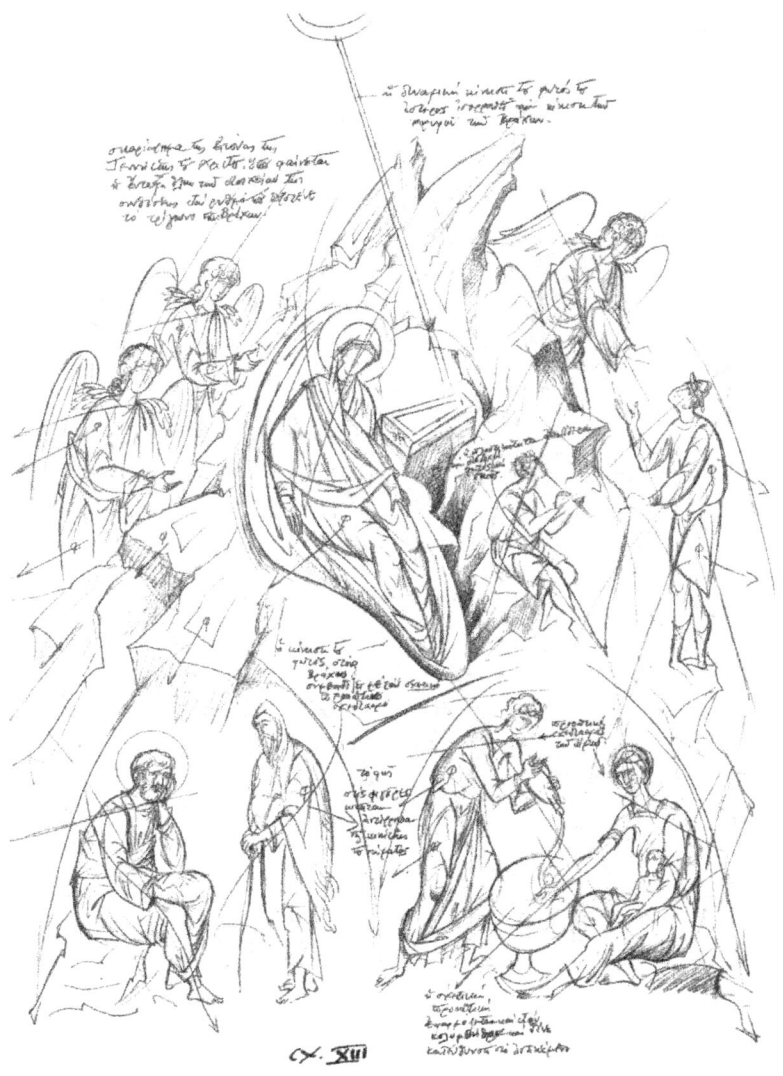

fig. 4.2.

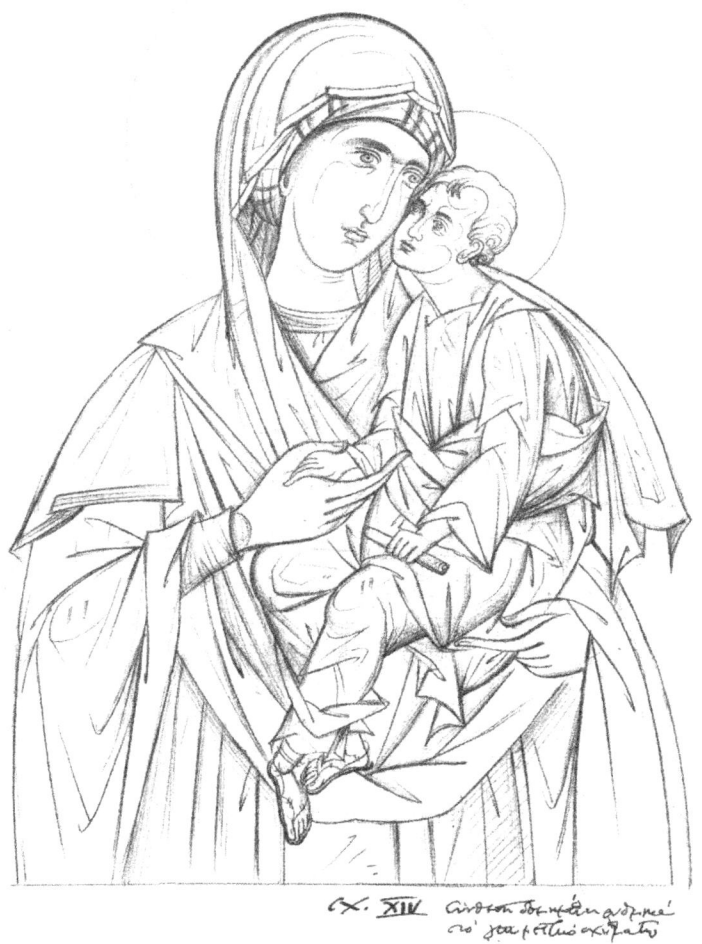

σχ. XIV αυτοιστ ιδι νηξα αδρικα
το χαρατικοσχ ηατι

fig. 4.3.

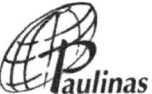

Capítulo V

Íconos: Una lectura estética

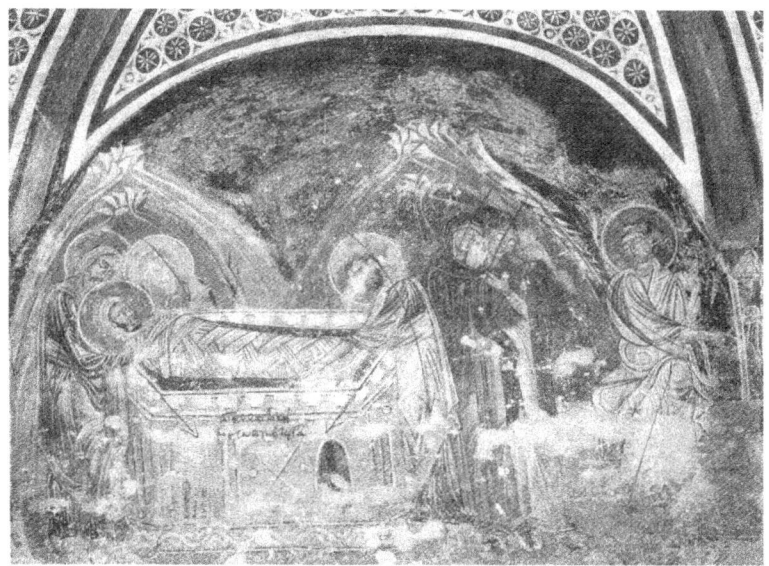

fig. 5.1.

El Entierro de Cristo y las portadoras de mirra en la Tumba
(Último cuarto del siglo XI). Monasterio de San Lucas, Katholikon.

Esta composición contiene sólo unas pocas figuras. Se caracteriza por la sencillez y está bastante bien equilibrada. El ritmo se logra internamente a través de la forma triangular de las montañas detrás de las figuras. La tumba es un elemento inerte que, aunque elaborado de acuerdo con el sistema relacional de perspectiva, no funciona de una manera dinámica y no llega a ser parte del ritmo del icono que se proyecta hacia el exterior, esto se debe a que se proyecta con movimiento frontal y no transversal, algo que se ve fácilmente. Notamos que este artista del siglo XI no había asimilado completamente el funcionamiento de la perspectiva relacional, lo que se desprende también por cómo trabajó las montañas, que están pintadas en un color diferente para hacer que se destaquen, y da la sensación de que lo que está ocurriendo adelante es parte de otra composición. También carecen de plasticidad –algo característico del arte de la época Comnene en general. Son planos, carecen casi completamente de construcción interna, sólo en la cumbre se ha hecho un intento, a través de la perspectiva relacional, de dar la impresión de que se trata de objetos sólidos con volumen. Incluso aquí, sin embargo, la aplicación de la perspectiva vertical es rudimentaria.

Lo que es interesante, sin embargo, es cómo se incorporan rítmicamente en la forma triangular de la montaña todos los diferentes elementos. También digno de mención es el movimiento de las alas del ángel a lo largo de la longitud de la ladera de la montaña y que continúa con la mano del ángel que apunta a la tumba vacía, participando de la misma línea de movimiento y dándole continuidad.

En esta composición se nota el intento de lograr plasticidad sobre la base de las reglas del arte bizantino. Los colores parten de oscuros y cálidos y terminan en las más frías (blancas) iluminaciones. El movimiento de la luz equilibra el de los cuerpos, aunque esto no siempre se nota inmediatamente. Un rasgo característico de este trabajo en particular y del arte de la época en Comnene en general es el movimiento de la luz. La luz se mueve a lo largo de las figuras, no transversalmente. La ausencia de esta relación transversal, que también está ausente en gran medida en la construcción interna de las figuras, contribuye a reducir la plasticidad. Por supuesto que se utiliza la línea transversal, pero no es predominante, por lo tanto la plasticidad de la obra se ve disminuida.

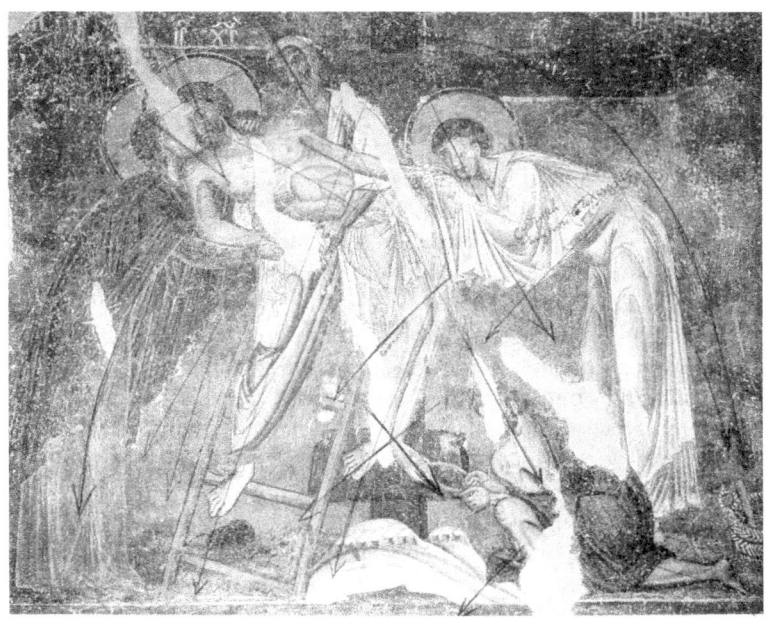

fig. 5.2.

El descenso de la Cruz
1164. Nerezi 14, San Pantaleón

Esta notable composición es un ejemplo característico del arte del período Comnene. Una obra de gran austeridad, el fondo liso evita la fragmentación y está libre de elementos extraños. Se presenta en forma de cruz, cuya inercia revela el poder de la forma geométrica de la hipérbole, que une rítmicamente las cinco figuras que participan en el drama.

La hipérbole inspira un sentido de circunvolución y espiritualidad, como por ejemplo en el icono Glikofilousa de la Madre de Dios, y en general su uso provoca una respuesta emocional. Esta forma es la fuente del ritmo del ícono, todas las figuras y sus miembros se

---

14. *Ahora en FYROM (Former Yugoslav Republic of Macedonia) (Ex Yugoslavis República de Macedonia).*

incorporan a su fuerza. La única 'nota discordante' intencionada son los pies de Cristo, que parecen un tanto estáticos e inmóviles. Esto es para mostrar que se trata de un cuerpo muerto, que no puede moverse y colocarse dentro de la acción.

Encontramos un magnífico ejemplo de equilibrio dinámico en el vestido blanco de la figura de la derecha y el movimiento de la pierna del joven en la esquina inferior derecha. En el nivel del dibujo, estos elementos hacen que todo el ícono se mueva "hacia afuera".

Todas las figuras están colocadas dinámicamente sobre la superficie, la mayoría en tres cuartos perfil.

En cuanto a los colores, se aplican las normas y principios enunciados antes. La luz equilibra el movimiento de las figuras con el fin de lograr plasticidad y permitir que el icono se mueva hacia el espectador. Las iluminaciones, sin embargo, no se aplican a través de las figuras sino a lo largo, por lo tanto, la plasticidad se reduce y el icono pierde algo de su poder.

La norma de descomponer una figura y delinear sus partes constituyentes todavía está presente, pero en muchos puntos esto se exagera y las líneas parecen tener una existencia independiente. Esta tendencia a menudo predominó en el arte del período Comnene, aunque fue abandonada más tarde. Al mismo tiempo, otra peculiaridad estilística del arte Comnene puede observarse aquí, donde sucede justo lo contrario, hemos dicho que, en principio, una figura se desconstruye en formas más pequeñas, que luego se recomponen rítmicamente. En algunos lugares – por ejemplo justo por encima de las rodillas en la figura de la derecha - la linealidad se pierde por completo, a expensas de una plasticidad exagerada. Las figuras no se construyen internamente a través de la línea, por lo tanto no existe manera de hacer visible su energía interior y unirlos rítmicamente con el todo. Esto confirma las conclusiones establecidas en el comienzo de este trabajo: una figura debe tener la construcción lineal interna con el fin de ser capaz de unirse con el ritmo del conjunto, lo que es, de hecho, el propósito de cada figura.

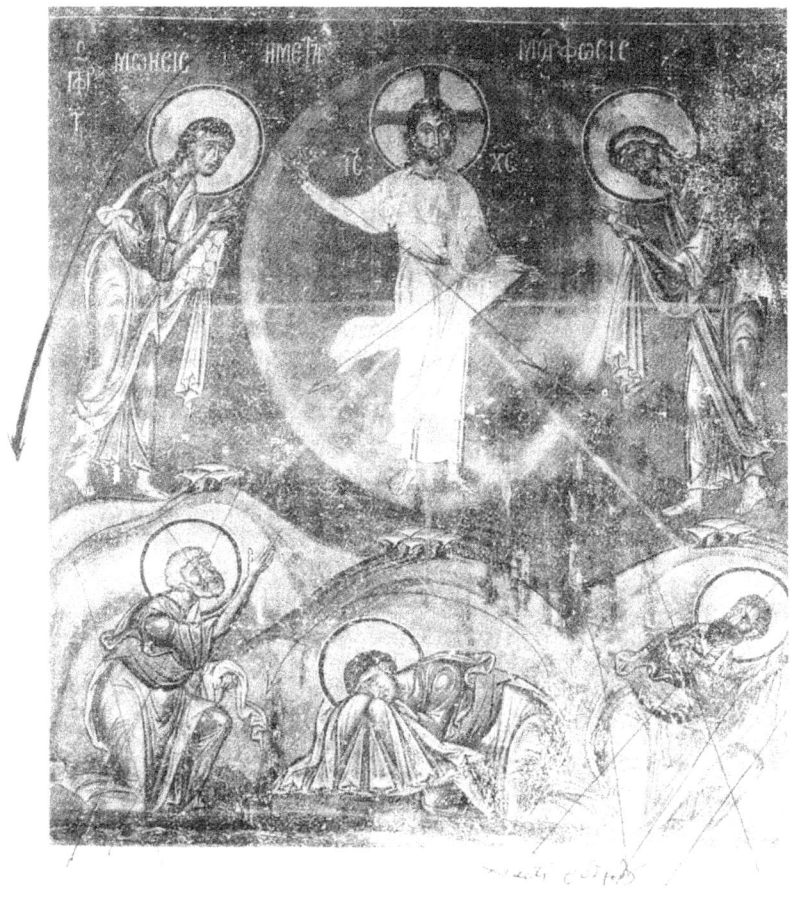

fig. 5.3.

La Transfiguración (1160-1180)
Kastoria. St. Nicholas Kasnitzes.

Una maravillosa composición de un gran maestro del siglo XII. Está distribuida en una hipérbole que proporciona el ritmo interno al icono. Las seis figuras se incorporan a esta forma. Característicamente, la mandorla que rodea a Cristo tiene también la forma de un óvalo y se armoniza con el ritmo de toda la obra.

La manera en que el ritmo y el equilibrio se manejan en la representación de los apóstoles, en la parte inferior de la composición, es más interesante. Pedro debe girar hacia la derecha, ya que él está hablando con Cristo. El movimiento del apóstol Santiago se basa en la postura de Pedro, mientras que la figura de Juan en medio de ellos actúa como una fuerza de contrapeso poderoso. Así pues, tenemos no sólo el equilibrio dinámico, sino también los medios para arreglar las figuras rítmicamente.

La misma forma característica de trabajar se evidencia en el paisaje y las montañas. La plasticidad se reduce debido a que el sistema relacional de perspectiva no se utiliza (aparte de la representación de las cumbres). El intento de lograr plasticidad se hace sólo a través de la luz, y aun entonces, se aplica en una dirección paralela a las líneas generales de los fenómenos naturales. Por supuesto, esto produce una composición de gran simplicidad y tranquilidad, pero que carece de plasticidad. El color se construye de la misma manera en las prendas, aunque en este caso la línea transversal se utiliza en un grado satisfactorio. La regla según la cual la luz se mueve hacia el exterior en la dirección opuesta a la del cuerpo también se utiliza de una manera interesante.

Considerando todas las cosas, la obra es un magnífico ejemplo de la forma en que los iconógrafos bizantinos abordaron el problema de cómo organizar los elementos de una composición con el fin de unirlos rítmicamente.

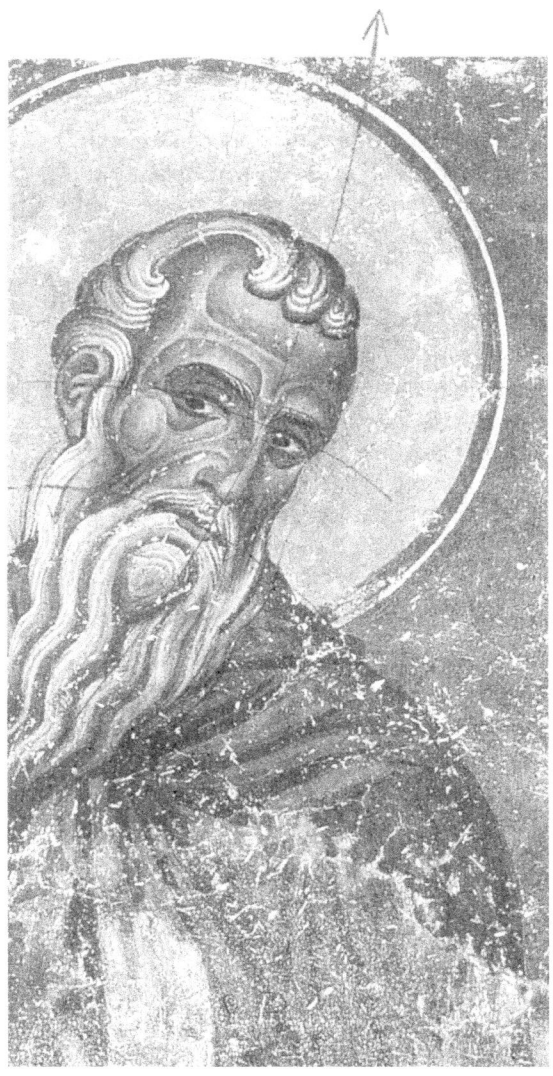

fig. 5.4.

San Hilarión (finales del siglo XII)
Patmos. Monasterio de San Juan el Teólogo, el refectorio.

Un ejemplo excepcional del arte Comnene. Lo interesante aquí es que el iconógrafo eligió dibujar la cara en tres cuartos perfil sobre ejes curvos. La cara se ha dividido en unidades más pequeñas bien definidas, que se unen en una sola figura y adquieren un ritmo común, produciendo una sensación de calma y claridad. Se puede ver claramente el papel central desempeñado por línea, aunque algunas personas estarían en desacuerdo con esto. Claramente no es un retrato naturalista, sin embargo, la ejecución de las líneas presta claridad de expresión y da una sensación de presencia, por lo tanto cumple con el propósito de la obra. La expresión pacífica del santo que, como ya hemos señalado se debe principalmente a la unidad de ritmo, se profundiza a través de la forma de representar la plasticidad: las iluminaciones se aplican en paralelo a los contornos y no transversalmente. La barba es un ejemplo típico de este enfoque, la forma en que se ha dibujado y se han aplicado los colores es característica de la iconografía del siglo XII. Por supuesto, el arte continúa siendo esencialmente bizantino, porque las reglas del sistema utilizado en todas las escuelas iconográficas se sigue aplicando.

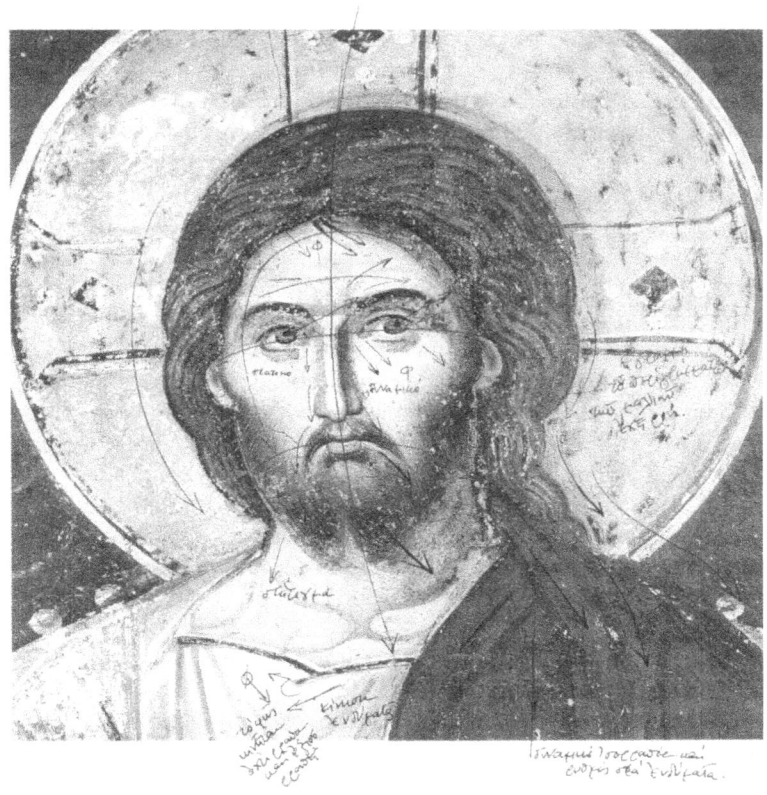

fig. 5.5.

Cristo Entronizado (detalle) (C. 1295)
Iglesia del Protaton Karyes, Monte Athos (Manuel Panselinos)

Una obra maestra del arte bizantino, y de importancia mundial. El iconógrafo Panselinos era un maestro de talento sin igual y un hombre de gran conocimiento y sabiduría, completamente imbuido en el espíritu de la Iglesia, como bien puede verse en esta obra. En muchos sentidos, derrota los intentos de descripción y análisis. Nos limitaremos aquí a algunas observaciones preliminares sobre la lógica de la composición de la figura y el manejo de los elementos artísticos.

Este fresco es un modelo del enfoque analítico o "sintético" de la forma[15], que se concibe en términos artísticos y no naturalistas. El objetivo es encontrar el punto de encuentro entre la forma - forma hipostática natural que preserva el grado requerido de semejanza con el prototipo - y la figura artística. De acuerdo con este proceso la figura se divide sólo para ser nuevamente reconstruida con el fin de dar la impresión de que la persona representada está presente. La iconografía de Panselinos, y este ejemplo por sobre todo, demuestra que el arte bizantino constituye un gran sistema estable y notable, o más bien que es un modo artístico de pensamiento. Aquí no hay una visión naturalista del mundo que se basa en la ilusión de la perspectiva y la objetividad de la mirada del artista: hay en cambio, criterios y principios artísticos que se aplican en el tratamiento de la figura humana.

La cara que tenemos ante nosotros es una estructura artística que obedece a reglas y principios, y está allí - existe - por una razón específica: no para dejar una impresión visual ni tampoco es simplemente una expresión espontánea de fe, tanto la fe como la experiencia espiritual son evidentes, por supuesto, pero lo que vemos es arte y no la inspirada reacción subjetiva del artista. Es una composición artística, cuyo propósito es manifestar la presencia de Cristo.

En primer lugar cabe señalar que a pesar del gran diseño, la figura está dividida en pequeñas unidades de formas que se definen a través de la línea. Como en toda la tradición, este principio no se rechaza en ningún punto. Todas las características faciales constituyen distintas unidades de forma. Por supuesto, la figura no es dura, ya que hay calidez y suavidad en las pinceladas, pero aun así todo está delineado Esto se aplica no sólo a las carnaciones sino también al cabello. Muchos han cuestionado este enfoque analítico, cuyo propósito es crear ritmo y revelar la vida interior de las figuras. En su deseo de extremar la plasticidad. no pocos iconógrafos modernos han adoptado soluciones estilísticas que fusionan estas unidades más pequeñas entre sí. Al hacerlo, sin embargo, no se adhieren a los principios fundamentales del sistema y vemos un deslizamiento hacia el naturalismo y un distanciamiento entre la figura representada y el observador.

---

15. Las formas se rompen y se reconstruyen como una síntesis de menores, diferentes unidades. Ver cap. 2: "El Rol de la línea en la iconografía bizantina".

Pero volvamos al ícono de Panselinos, la deconstrucción de la figura es seguida por su reconstrucción. El objetivo aquí es la plasticidad y la proyección radial de la figura. La cara está montada sobre ejes curvos de la manera ya descripta anteriormente (véanse los comentarios a las fig. 3.5 y 3.10). Las líneas se han dibujado en el icono para mostrar esto.

Dibujar los rasgos del rostro sobre ejes curvos brinda movimiento y unidad de ritmo, por lo tanto no tenemos una sensación de movimiento general e indefinida, el movimiento se transmite (y esto es claramente perceptible) a través de todos y cada uno de los aspectos de la figura y la composición. De esta manera, todo adquiere un ritmo y función, o literalmente, se convierte en ritmo funcional.

El movimiento es doble: la cabeza se inclina a la izquierda, mientras que la mirada y la luz se dirigen hacia la derecha. La sensación de movimiento hacia la derecha aumenta a través del movimiento del cabello que fluye hacia fuera por encima del hombro izquierdo, y el de la barba, copete y bigote. El equilibrio dinámico resultante y el ritmo interior son impresionantes.

A nivel ritmo, también es notable la forma en que Panselinos manipula la curva de la forma del cabello con relación a la curva formada por el movimiento de los ojos dentro del rostro. La intersección y la relación dinámica de estas dos líneas se equilibran tan finamente que podríamos hablar aquí de un momento de inspiración artística suprema.

La relación divergente de los dos ejes de los ojos, por una parte, y de las fosas nasales, bigote y boca por el otro, crean perspectiva, proyectan la figura hacia afuera a la derecha (ver las flechas dibujadas por encima y por debajo de estas características faciales). La luz sigue, y Panselinos señala esto a través de la dirección de las pinceladas en la frente y las mejillas.

El uso de la relación transversal no sólo crea perspectiva sino también volumen y sensación de proyección hacia el exterior. Un ejemplo típico de esto es la manera en que las luces o los tonos medios se han aplicado transversalmente sobre el cabello, y la forma lineal del dibujo de la barba.

En este trabajo toda la filosofía de los iconógrafos bizantinos puede ser vista en forma artística: la reestructuración de la forma de la cara con el fin de proyectarla hacia el exterior; la disposición rítmica de los elementos en los ejes curvos, la representación de la plasticidad a nivel de la línea y finalmente, la aplicación del color para llevar la figura hacia la tercera persona —el movimiento desde los cálidos y oscuros colores de la base, al desarrollo a través del rosa, el color frío de la carne, hasta el blanco de las iluminaciones.

La composición es una obra maestra, no sólo por razones estéticas, sino también porque en ella se cumplen todos los aspectos posibles de la función para la que ha sido creada. Este es sin duda un gran logro. Siempre adhiriendo a los principios y leyes específicas, y siempre dentro de los límites establecidos del sistema artístico bizantino, Panselinos se las ingenia para expresar su creatividad personal y para alcanzar la grandeza.

Esta interpretación única y personal del tema está libre de sentimentalismos. En términos de ideales y principios compositivos del arte bizantino, la cara es una forma pura —pura porque todos los elementos extraños han sido eliminados de la misma por el refinamiento—. No nos mueve a causa de las emociones que expresa, sino por toda la fuerza de su presencia y la sensación de intimidad que traspasa literalmente al espectador. Este liberarse de lo psicológico y de lo que nosotros hoy llamamos personalidad, también revela la grandeza de este arte. Siglos antes de nuestro arte moderno, los iconógrafos se dieron cuenta de que no se puede juzgar el valor de una obra de arte de acuerdo a criterios no artísticos, porque por sí o por no, lo que esto crea es la ilusión de que lo que vemos es la persona misma, en la que el artista imprimió con éxito personalidad y emoción. Ya en el siglo noveno, San Teodoro el Estudita da testimonio no sólo de que es imposible retratar la naturaleza de una persona (o, en el caso de Cristo, dos naturalezas), sino que también no deberíamos siquiera intentar representar el alma: este es el "realismo" que se expresa a lo largo de toda la tradición. El punto es no transmitir emociones y cualidades del alma: las imágenes de las personas —o hipóstasis— se presentan a través de medios artísticos para dar la sensación de que la persona representada está presente y realmente 'vive' en nuestra propia dimensión de espacio y tiempo. Por eso, cualquier intento de interpretar los iconos en base a la expresión de las emociones y estados psicológicos del alma, que son en todo caso transitorios y fugaces, es inútil.

Escritores bizantinos como Focio y Nikolaos Mesaritis, en sus escritos écfrasis, hacen alguna referencia a lo que la figura de Cristo expresa en los íconos. Sin embargo, es evidente que lo que tenemos aquí es una lectura posterior de la tranquilidad del rostro de Cristo, que se entiende como una expresión del amor de Cristo por el mundo. Tal vez no deberíamos darle demasiada importancia a las explicaciones de este tipo.

En conclusión, podemos decir que este fresco es una piedra angular, no tanto en términos de estilo, sino en términos de calidad, la habilidad con que se han aplicado los principios compositivos del arte bizantino en la representación de la persona. El Cristo de Panselinos se erige como un ideal, cómo representar la figura humana en el arte.

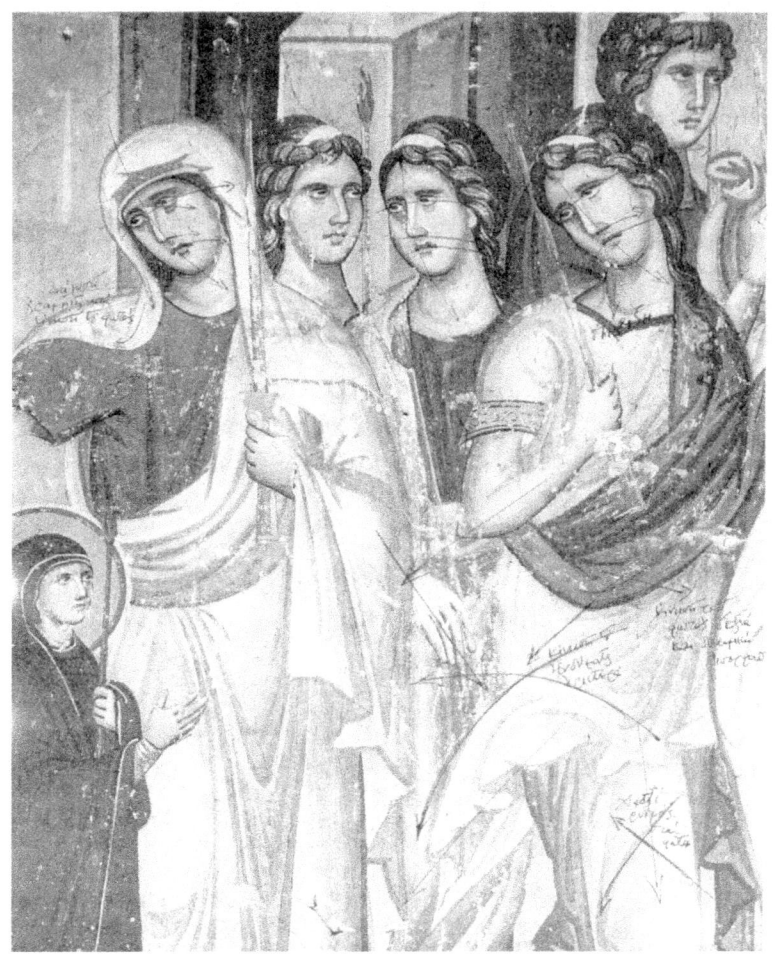

fig. 5.6.

Las Santas Vírgenes con la Madre de Dios niña (detalle de la entrada del Templo de la Madre de Dios).
Manuel Panselinos (pre -1295). Iglesia de la Protaton, Karyes, Monte Athos.

Elegí este detalle con el fin de mostrar el maravilloso trabajo de Panselinos en las figuras en tres cuartos perfil, y para demostrar la aplicación creativa de los principios de composición en todos los detalles. En cuanto a la organización rítmica de los diferentes elementos y de modelado de la ejecución es ejemplar.

Aquí también (véase fig. 5.5. Cristo Entronizado) las partes del rostro se dibujan sobre los ejes curvos. Esto es cierto incluso con las narices, en las cuales la línea se aparta ligeramente de la vertical y se mueve encima en la parte estrecha de la cara, sólo para regresar y seguir el contorno de la mejilla y el eje curvo. Una manipulación artística similar puede verse en la inclinación hacia abajo de las fosas nasales, la intención aquí no es retratar de manera naturalista sino crear la armonía del ritmo. Este detalle le da simplicidad a las figuras, porque vence el movimiento descontrolado y en gran parte disruptivo de los rasgos faciales.

La misma disposición rítmica se encuentra de nuevo en los ojos, la línea de los cuales también sigue la curva del eje horizontal. La simplicidad de las figuras es sorprendente. Por otra parte, da lugar a una sensación de pureza y paz, cualidades santas adecuadas a las representaciones de hombres y mujeres santos de la Iglesia, y los eventos de la Economía Divina.

Lo que es aún más notable es que la sensación de calma y la santidad no se alcanza a expensas del diseño y el movimiento: todo lo contrario. El volumen de los rostros tienen fuerza y la aplicación transversal de las luces en el cabello proporciona una gran plasticidad. La ordenación rítmica de todos estos elementos elimina cualquier movimiento perturbador y produce una obra que ha sido purificada rítmicamente y que tiene un sentido coherente de flujo y la paz.

La misma pureza de ritmo y armonía rige toda la composición. Echemos un vistazo a algunos detalles: tomemos por ejemplo el ritmo exquisito y el equilibrio dinámico de la virgen en la parte de adelante a la derecha. Su cuerpo se mueve hacia la derecha, lo que se transmite poderosamente a través de la flexión de la pierna. Panselinos equilibra esto con la fuerza de oposición y el movimiento de la mano y de los dos paños que se dibujan transversalmente al eje vertical. Todo en la figura se basa en este movimiento transversal diagonal. Sin embargo, este "viaje" del ritmo no termina aquí, impregna las unidades más pequeñas de forma, vinculándolas rítmicamente para que cada elemento de la obra, incluso hasta la última pincelada, participe en la sensación de energía y vida en común.

Ahora, veamos el paño rojo que cubre el hombro izquierdo. La ejecución del contorno dirige la tela hacia abajo, hacia la izquierda, lo que funciona como contrapeso de la pierna. Veamos el funcionamiento interno de esta prenda de vestir. Los pliegues se dibujan a lo largo del contorno, pero su movimiento va a la derecha, están dibujados en distintos niveles para crear perspectiva e indicar el movimiento hacia la derecha, siguiendo el del cuerpo. Lo que también es maravilloso es la forma en que la curva se divide en líneas rectas más pequeñas que coexisten y denotan movimiento hacia la derecha. Todas las características de la línea descripta al comienzo de este libro se pueden ver aquí: sencillez, pureza, plasticidad, flexibilidad y calidad relacional[16]. Esta prenda roja es tratada como una composición dentro de una composición, y vemos que todo lo que ocurre y se expresa en el nivel macroscópico se refleja en el microscópico. El ritmo gobierna y lo impregna todo en la composición. Todo se une en un todo coherente.

---

16. Una línea existe en relación con las otras líneas. Ver "El rol de la línea en la iconografía bizantina" página 13.

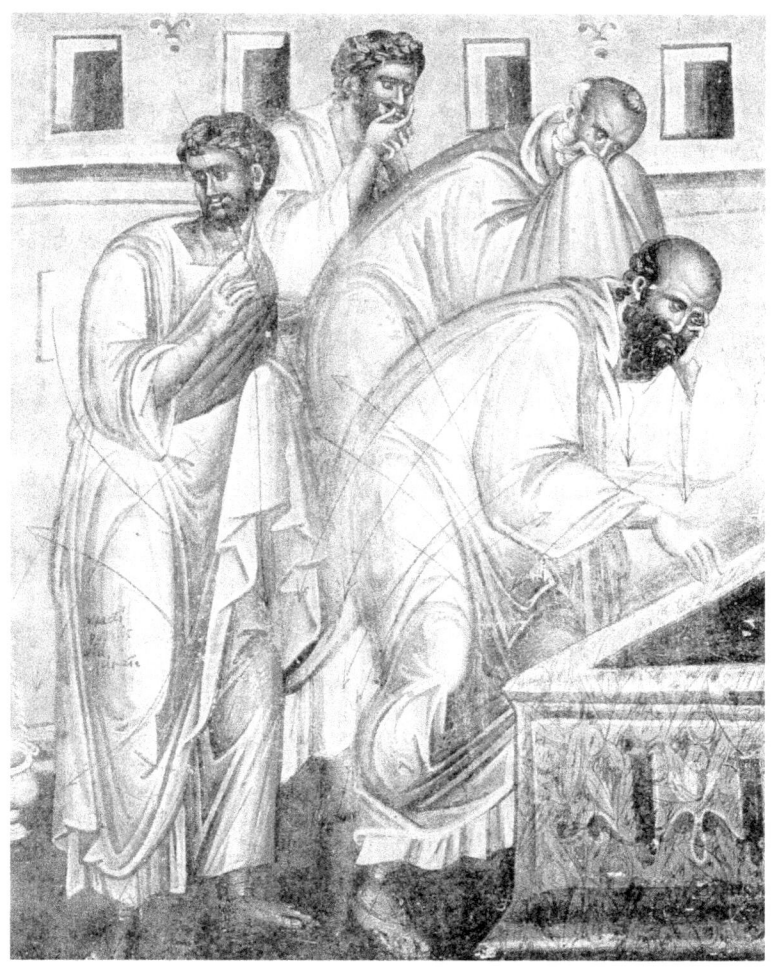

fig. 5.7.

Los Apóstoles certifican la veracidad de la Asunción.
Detalle de la Dormición de la Madre de Dios (1313-1314).
Monasterio de Studenica. Iglesia de los santos Joaquín y Ana.

Este detalle fue elegido porque es un brillante ejemplo de organización rítmica interna y un magnífico ejemplo de plasticidad.

Las dos figuras en la parte delantera se han construido sobre la base de la filosofía del color que ya se ha descripto anteriormente. La luz no emana de una fuente externa o interna. En realidad no hay luz, sólo una evolución gradual del color base oscuro hacia el blanco. Hay un flujo de energía desde la superficie artística hacia el espectador y el espacio arquitectónico de la iglesia. Este movimiento se dirige transversalmente a través de la superficie, por eso la luz más brillante se coloca fuera del centro y se mueve hacia la izquierda, de modo que se inclina en sentido transversal sobre la superficie artística. Esta luz crea una fuerza que iguala el movimiento del cuerpo hacia la izquierda.

Lo que es maravilloso en este icono en particular es la forma en que la luz ha sido coordinada y cómo se ha controlado su energía. En un trabajo naturalista la luz cae en las superficies y sigue las capas de tela como en la vida real. Aquí la luz está ahí no sólo para mostrar las prendas, sino como una energía que organiza internamente, purifica, y mueve hacia el exterior. Es por eso que los pliegues son alterados (la luz se construye y se desarrolla a partir del color base). Se representan no de acuerdo con la lógica del arte naturalista, sino de acuerdo a las normas y los principios de la composición bizantina. En el arte bizantino el elemento personal se refiere a cómo se maneja el ritmo, y de hecho lo que tenemos aquí es una obra artística con una interpretación única y personal.

El equilibrio se logra en la figura de san Pablo de la siguiente manera: Hay un eje vertical que se ha formado desde el brazo derecho y la prenda que cae a lo largo de la garganta. Así, a pesar de que la pierna que soporta el cuerpo no es visible, esta línea vertical mantiene el cuerpo en posición vertical. Los miembros del cuerpo se han posicionado en este eje en una dirección transversal. Aquí es interesante observar una alteración leve en la mano izquierda, que se inclina hacia arriba y rompe con el eje horizontal, dando un firme apoyo a la figura. Este trazado en cruz iguala las fuerzas en la composición y da lugar a un estado de equilibrio. No vamos a examinar la figura como un todo, sino sólo cómo se organizan rítmicamente los tonos medios en el cuerpo y la pierna derecha. Un color cálido marrón grisáceo (marrón y blanco, que se añade poco a poco el color base para aclararla) se ha utilizado para esta figura. Se ha dividido en pequeñas unidades en las cuales se percibe el ritmo hacia abajo, y que han sido dibujadas en base al trazado en cruz ya descripto, como puede verse en las flechas dibujadas en el icono. Un elemento característico del ritmo que se desarrolla es que las líneas se desplazan gradualmente hacia abajo, lo que da una verdadera sensación de movimiento. Uno tiene la impresión de que la luz está en movimiento y que la pierna, que se construye a partir de esa luz, está dando un paso hacia adelante. Por supuesto, las fuerzas de contrapeso también se aplican en la misma pierna, lo que resulta en un estado de equilibrio dinámico y da una sensación de energía rítmica.

Los mismos procesos se pueden ver en el diseño del apóstol que sigue a Pablo. Una vez más el ritmo se logra a través del desarrollo en terrazas de las líneas, y el resultado está lleno de vigor y movimiento armónico. Las flechas se han dibujado en el icono para ilustrar esto.

Esta pequeña porción de la obra del siglo XIV muestra claramente que el ritmo y la armonía son objetivos fundamentales y conscientes para los iconógrafos bizantinos. Un hallazgo valioso sin duda, porque aquí tenemos la base para trabajar creativamente dentro de la tradición del arte bizantino. La plasticidad no debe ser nuestro único objetivo, ni por supuesto la belleza de los colores. La armonía del ritmo debe permanecer como nuestro objetivo final, como ha ocurrido en todas las épocas y en todas las escuelas de arte bizantino.

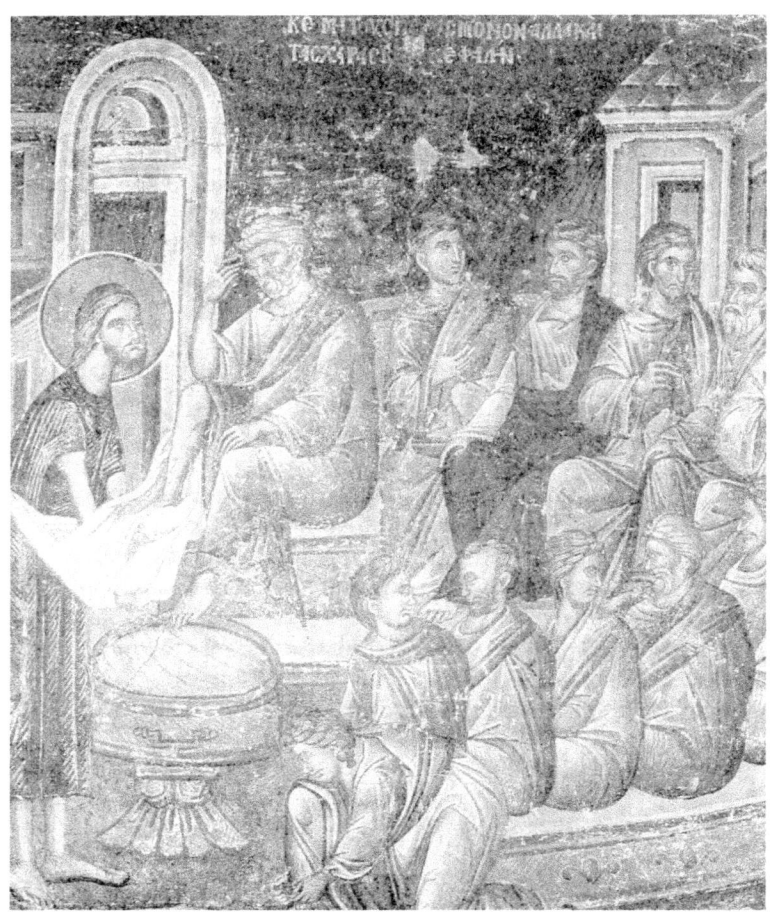

fig. 5.8.

El lavatorio de los pies (1310-20)
Tesalónica. La Iglesia de San Nicolás Orphanos

Una composición particularmente buena del importante ciclo de pinturas murales de la Iglesia de San Nicolás Orphanos. Imbuidas del espíritu del resurgimiento del Palaeologue, también están marcadas por una cierta elegancia muy personal.

En este periodo la escena del Lavatorio de los Pies suele estructurarse en la forma de herradura. La herradura se eligió debido a que da un carácter "cerrado" a la escena, también se utiliza en algunas representaciones de la Última Cena, donde se expresa el hecho de que sólo el Señor y sus discípulos se reunieron para este evento.

La forma de herradura tiene ventajas, pero también muchas desventajas, de las cuales este icono en particular es un buen ejemplo, y es por ello que ha sido elegido. Mientras demuestra el carácter cerrado de la reunión, también crea un espacio artístico entre las dos filas de discípulos. Crea muchos otros problemas también, revelando las dificultades de su incorporación a la tradición artística bizantina y su más general incompatibilidad con la filosofía del sistema.

En la creación de la herradura, el iconógrafo ha utilizado la perspectiva relacional y el principio de la composición vertical. Las figuras que están atrás se sitúan más arriba, mientras que las que están adelante se sitúan abajo. Esta maniobra no es suficiente para resolver el problema de que todas las figuras se relacionen con Cristo, –que está de pie en el lado izquierdo de la composición lavando los pies de Pedro–, y con el espectador. La necesidad de estas dos filas hace que se elija la pose de perfil para los discípulos que están en la parte de adelante, a pesar del hecho de que están sentados de espaldas a nosotros. Lo que vemos aquí es cómo la necesidad de relacionar la composición con el espectador obliga al artista a recurrir a una postura poco utilizada y generalmente prohibida. Esto demuestra claramente la filosofía artística de los artistas bizantinos, para quienes una composición es algo permeable, que comienza en la pared y se extiende hacia el espectador, que es el punto central y el foco de la obra. Esta necesidad apertura es lo que limita a este gran maestro iconógrafo y lo lleva a hacer una elección artística nada exitosa, porque a pesar de la intención en el uso de la pose de perfil, la composición permanece encerrada en sí misma, lo que resulta en el alejamiento parcial del icono y el espectador. Este desprendimiento es exactamente lo que se desea y es buscado en una obra naturalista, pero en la tradición bizantina es algo "reprobable". Aquí, por ejemplo, debido al uso de la herradura, no tenemos la impresión de que lo que se muestra está siempre presente. La representación particular de este incidente se limita al nivel del simple recuerdo de un acontecimiento histórico pasado, en lugar de convertirse en un episodio que alcanza al presente y actúa de manera salvífica.

Composiciones basadas en estructuras como la herradura rara vez se encuentran en el arte bizantino, porque hacen que una obra se encierre en sí misma, por lo tanto, las soluciones a los problemas artísticos que se encuentran en este trabajo, no fueron incorporados a la tradición.

Por lo demás, todos los principios y reglas de la composición se aplican plenamente en términos de manejo de línea y color.

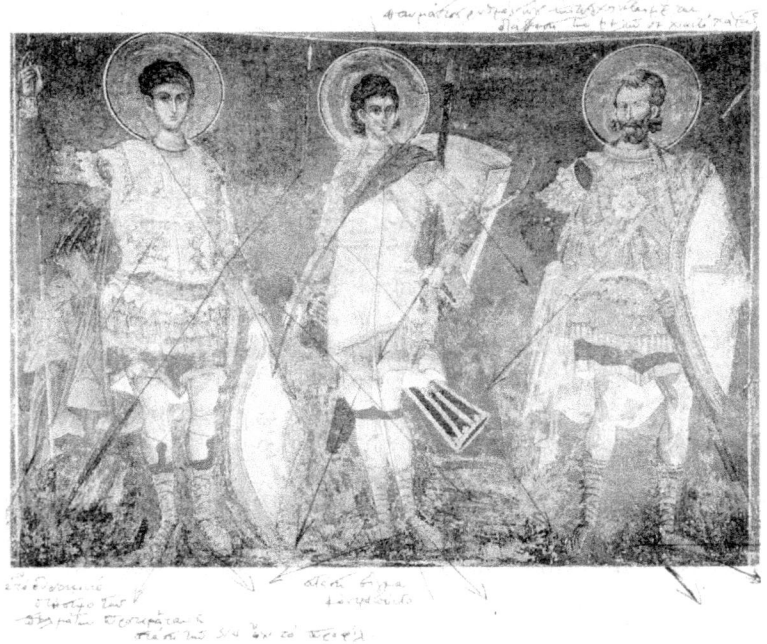

fig. 5.9.
Serie de Tres Santos Guerreros de cuerpo entero (1318-1320).
Monasterio Hilandar, el Monte Athos.

Esta hilera de santos guerreros confirma todo lo que se ha dicho del ritmo, la composición y la postura de las figuras de cuerpo entero. Es un buen ejemplo que muestra claramente que en la tradición bizantina decorar una iglesia no consiste simplemente en la colocación de las figuras en la pared, ni en la creación de una hilera estática de santos.

Este grupo de santos forma una composición, ya que como hemos dicho antes, todo es una composición en el arte bizantino. No funcionan como elementos independientes y autónomos, esto es el resultado de cómo estas tres figuras separadas se han colocado – o alejado - de la pared -. Están concebidas como parte de una composición, convirtiéndose en miembros de un todo orgánico y adquiriendo un ritmo común y unificado, que a su vez también gobierna su trama interna. En el centro tenemos la figura de San Procopio en pose contrapuesta, a su izquierda San Demetrio en pose frontal dinámica, y a la derecha San Eustacio también contrapuesto. Los tres se colocan transversalmente en la superficie y parecen moverse hacia afuera y lejos de la pared. La dirección de la luz y diversos otros elementos, incluyendo las piernas, actúan como una fuerza de contrapeso. Esta es la primera etapa en la creación de un estado de equilibrio dinámico, cuando el movimiento rítmico de las figuras hacia afuera, hacia el espectador, se completa con el diseño y la luz.

Basado en el uso de ejes diagonales ligeramente curvos, como puede verse a partir de las flechas, el ritmo interno del icono es excelente: funciona como un elemento de unión e influye en toda la composición.

Digno de mención es el óvalo, la forma alargada de las cabezas de los santos. Este tipo de dibujo presta particular vigor a la cabeza, vinculándola funcionalmente con un cuerpo alargado y esbelto (7 ½ - 8 divisiones). Lo que es maravilloso de este fresco en términos de estilo es que, si bien en términos generales es típico del Renacimiento Palaeológico, tiene su propio carácter y calidad.

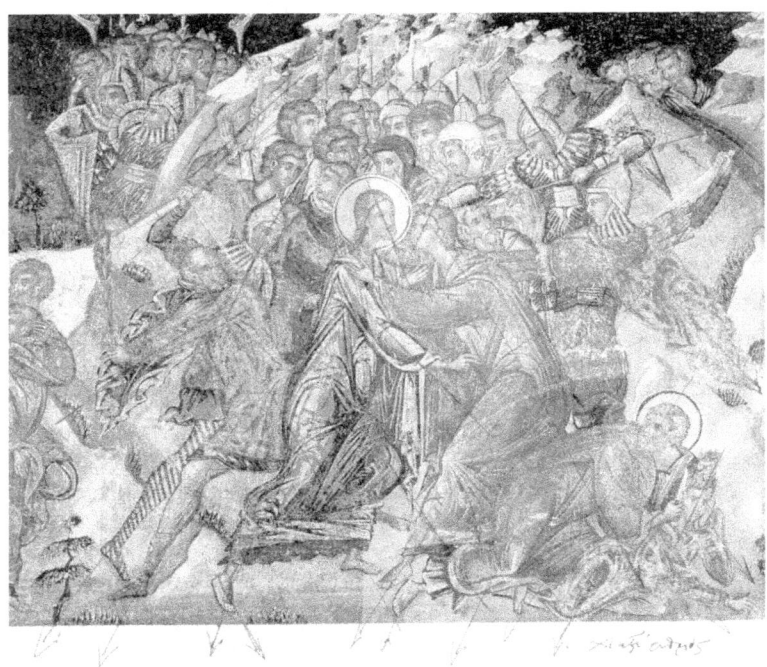

fig. 5.10 .

La traición de Judas (1531-32)
Monasterio Filanthropinon, Isla de Ioannina . Katholiko.

Un maravilloso ejemplo de estructura compositiva en un trabajo de la Escuela de Norte- oeste de Grecia. La escena surge en la cima de unas suavemente coloridas rocas que se construyen en capas con el fin de crear perspectiva y proyectarlas hacia el exterior, hacia la izquierda. El esquema de la formación de roca es el punto de partida para la organización rítmica interna de la composición. Cada elemento en la composición se coloca en los ejes diagonales de una manera que es a la vez dinámico y particularmente consistente. Esta austeridad de organización rítmica pone de relieve la tensión en el encuentro entre las dos figuras centrales, ya que una corre hacia la otra, para cumplir con sus deseados –si completamente diferentes– objetivos. En la esquina inferior derecha de la composición hay una escena pequeña de Pedro cortando la oreja de Malco, que tiene la función dinámica de equilibrar el movimiento de las rocas a la izquierda.

Magistral también es la manera en que los dos personajes centrales se han posicionado. Caminando hacia la derecha y en pose tres cuartos perfil está Cristo, quien por lo tanto se dirige hacia nosotros, mientras que Judas está en una actitud cerrada (casi de espaldas a nosotros). Evidentemente, el iconógrafo quiere separar a Judas del espectador y demostrar que él no pertenece a la comunión de los santos. Sin embargo, él no está en la habitual pose de perfil, ni está desfigurado o pintado sin luz, como una privación de la santidad. La cara de este desafortunado (y todos los otros que han venido a detener a Cristo) se hace de la misma manera que la de Cristo. Esto se debe a que el estilo es un medio de retratar eventos y personas y no un medio para expresar la santidad. Si esto fuera así, tendría que haber dos enfoques estilísticos: uno para los santos y otro para los pecadores. Esta forma de pensar es desconocida en la iconografía bizantina.

Esta obra en particular sigue los principios fundamentales del sistema bizantino en todos los sentidos: evidencia que, al margen de las escuelas y las particularidades estilísticas, en la tradición artística bizantina hay una coherencia interna que encuentra su fundamento en los principios fundamentales de la composición.

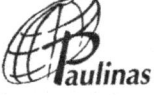
Paulinas

Capítulo VI

Dibujos / Bocetos

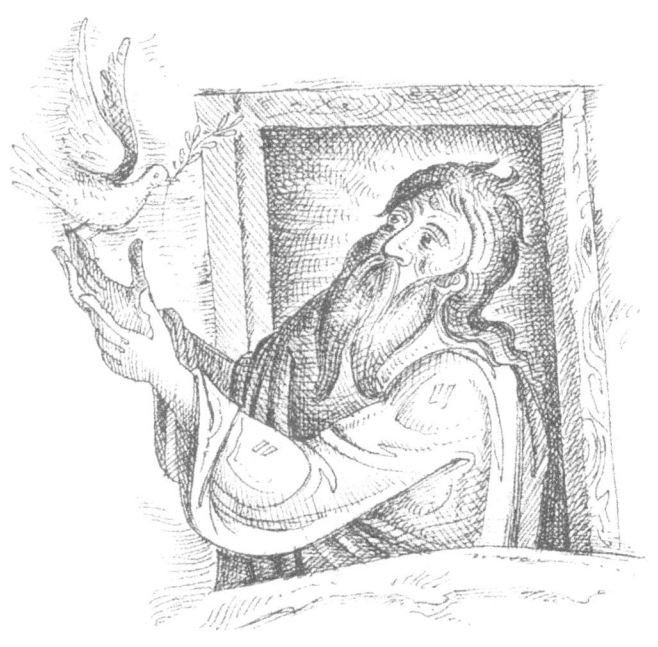

fig. 6.1.
Noé, el justo

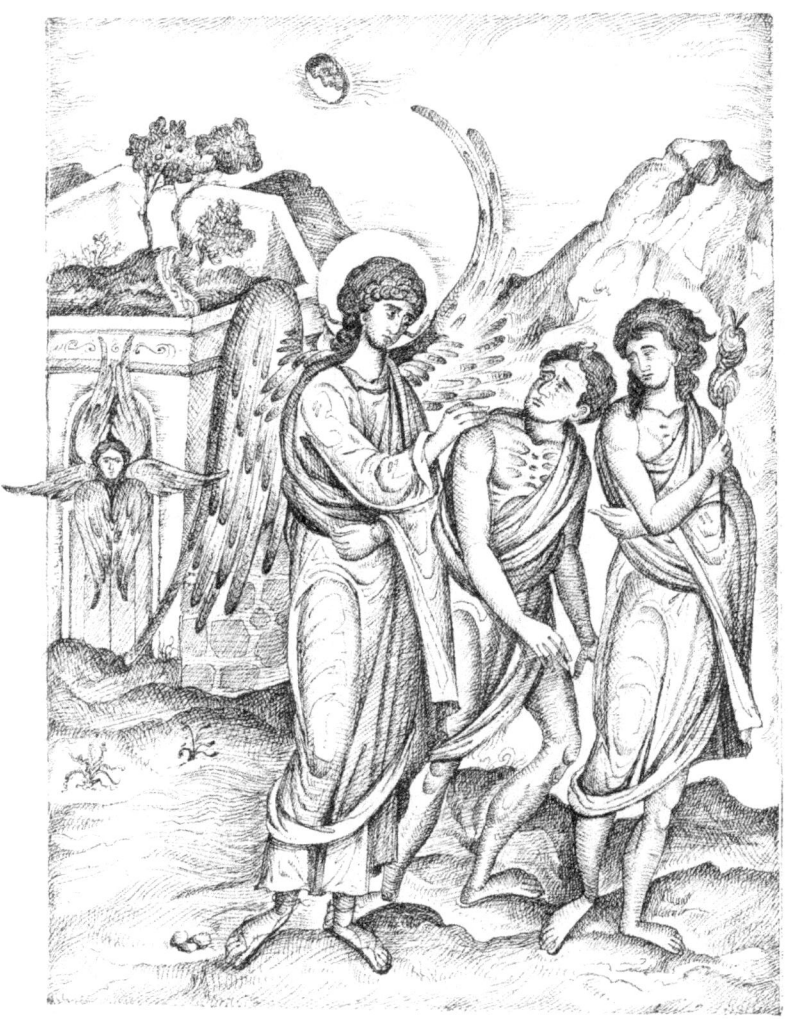

fig. 6.2.
La expulsión del paraíso

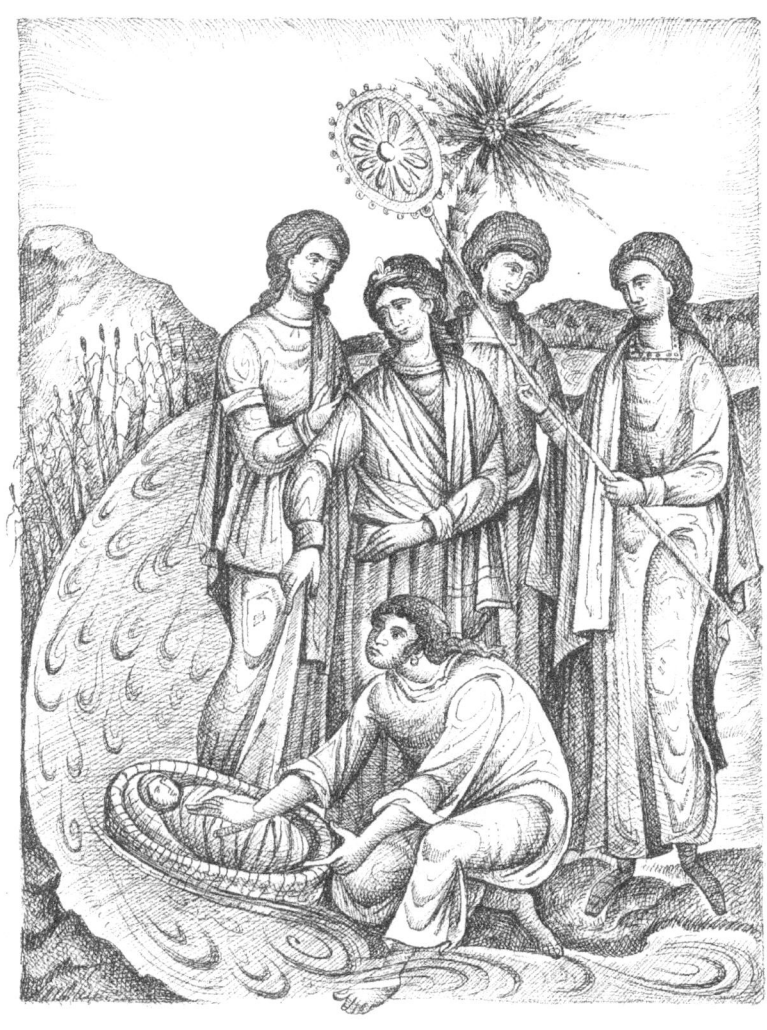

fig. 6.3.
La hija de faraón rescata a Moisés

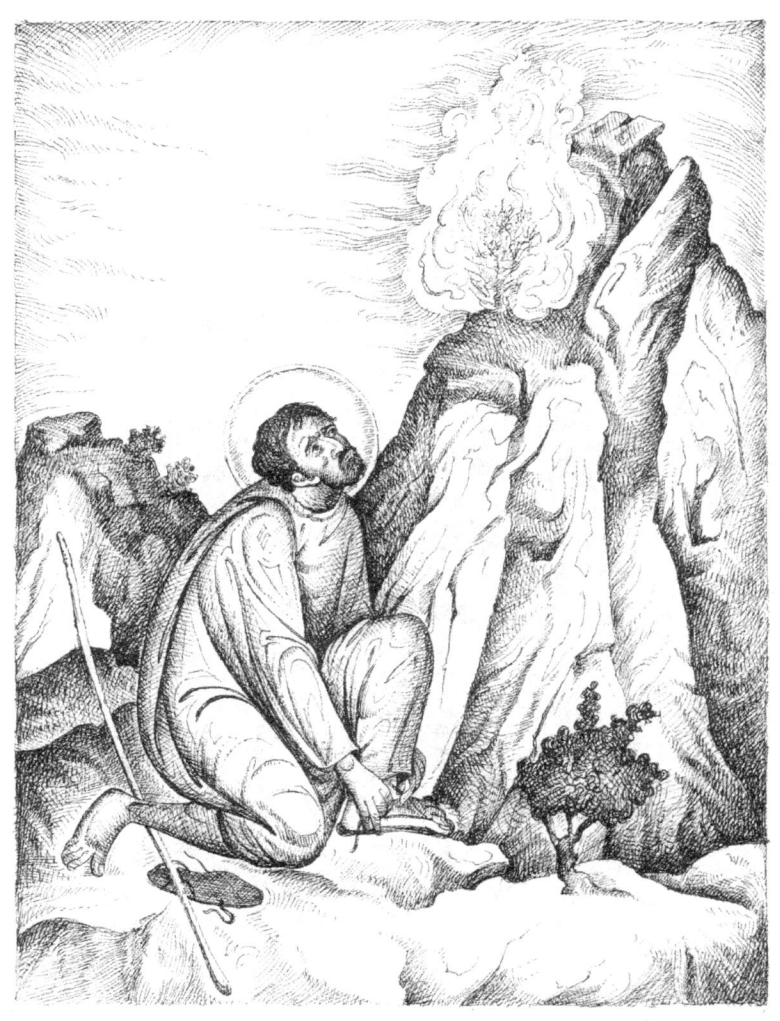

fig. 6.4.
El profeta Moisés ante la zarza ardiente

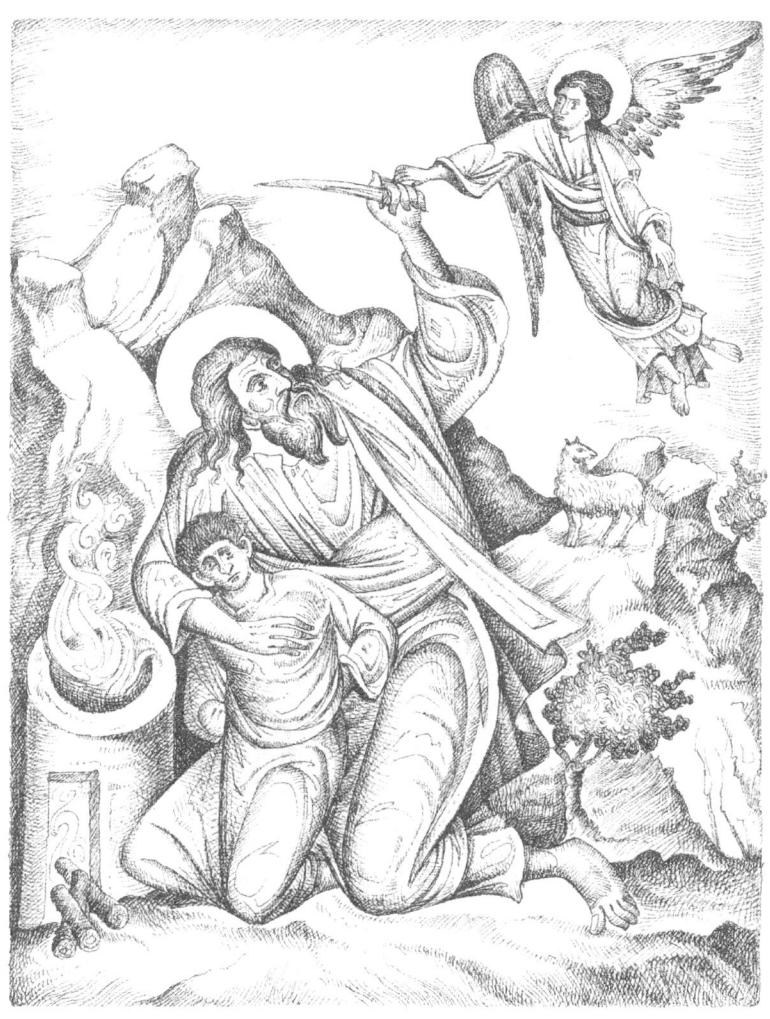

fig. 6.5.
El sacrificio de Abraham

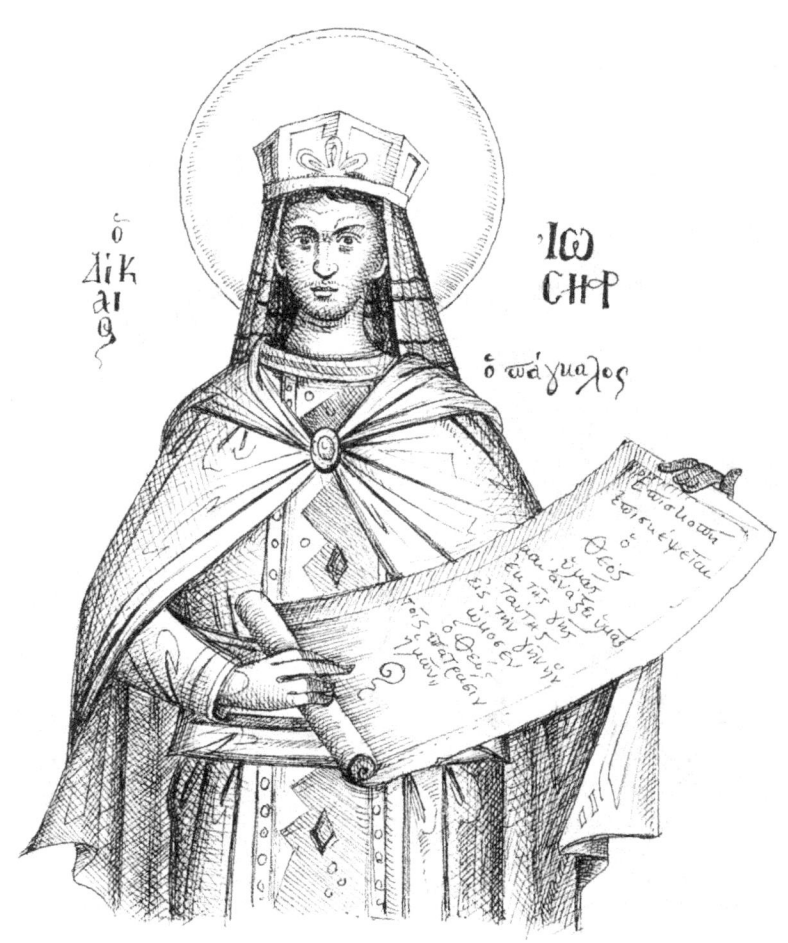

fig. 6.6.
José, el justo

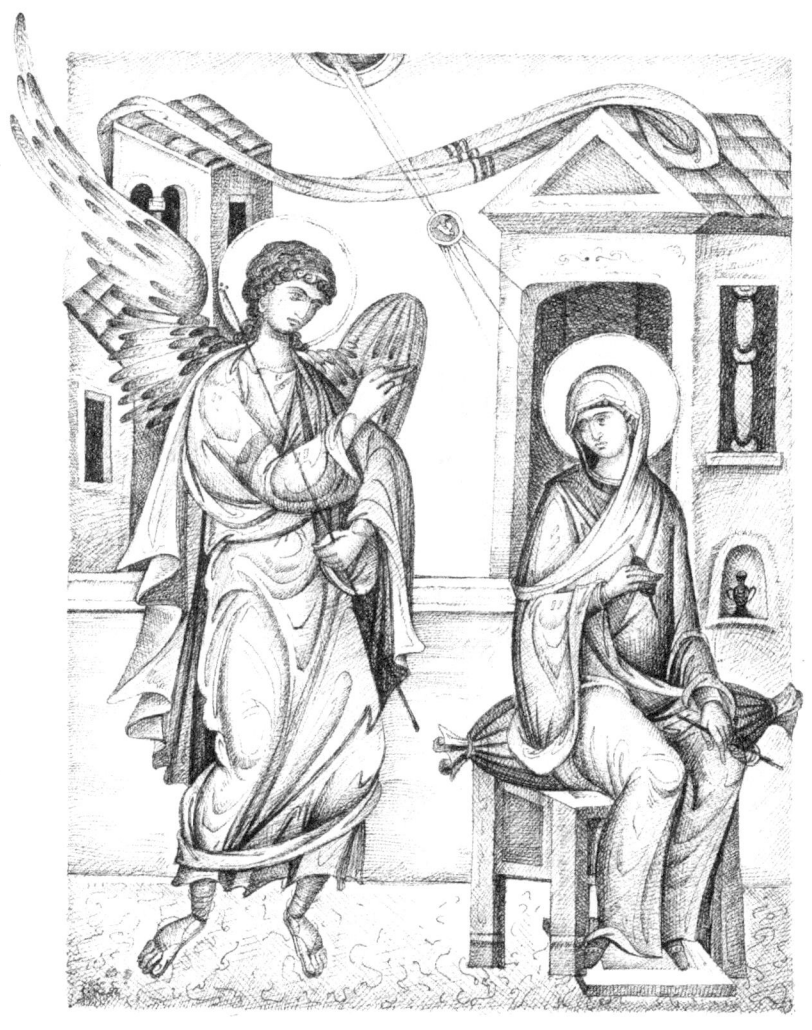

fig. 6.7.

La Anunciación

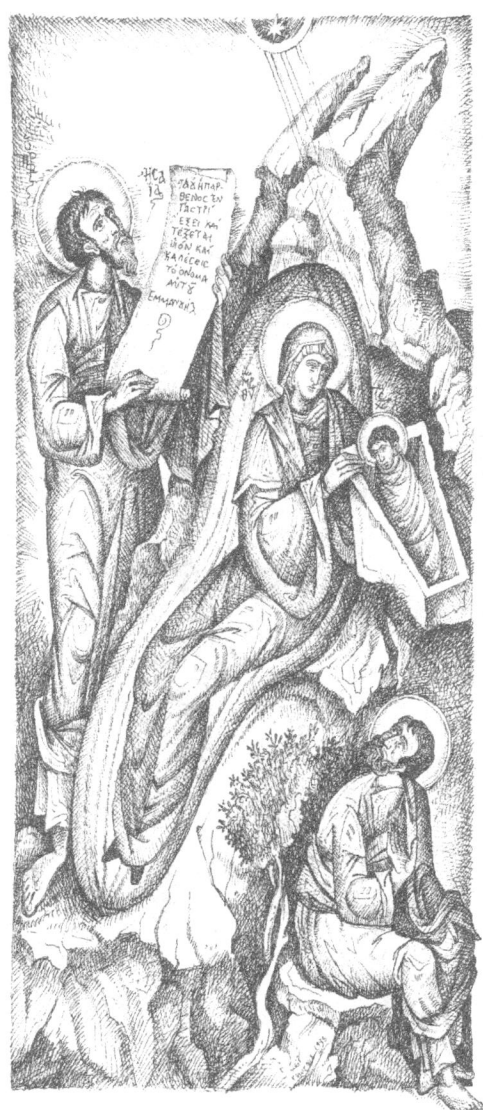

fig. 6.8.

El profeta Elías predice la Encarnación de la Palabra

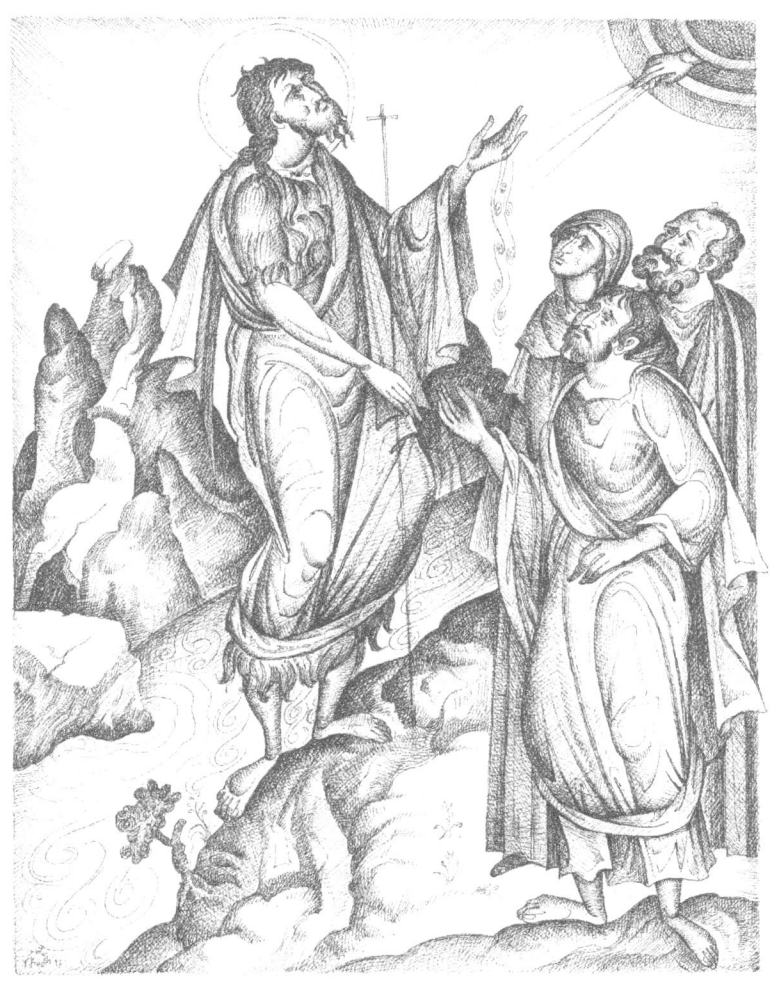

fig. 6.9.
San Juan Bautista enseñando junto al Jordán

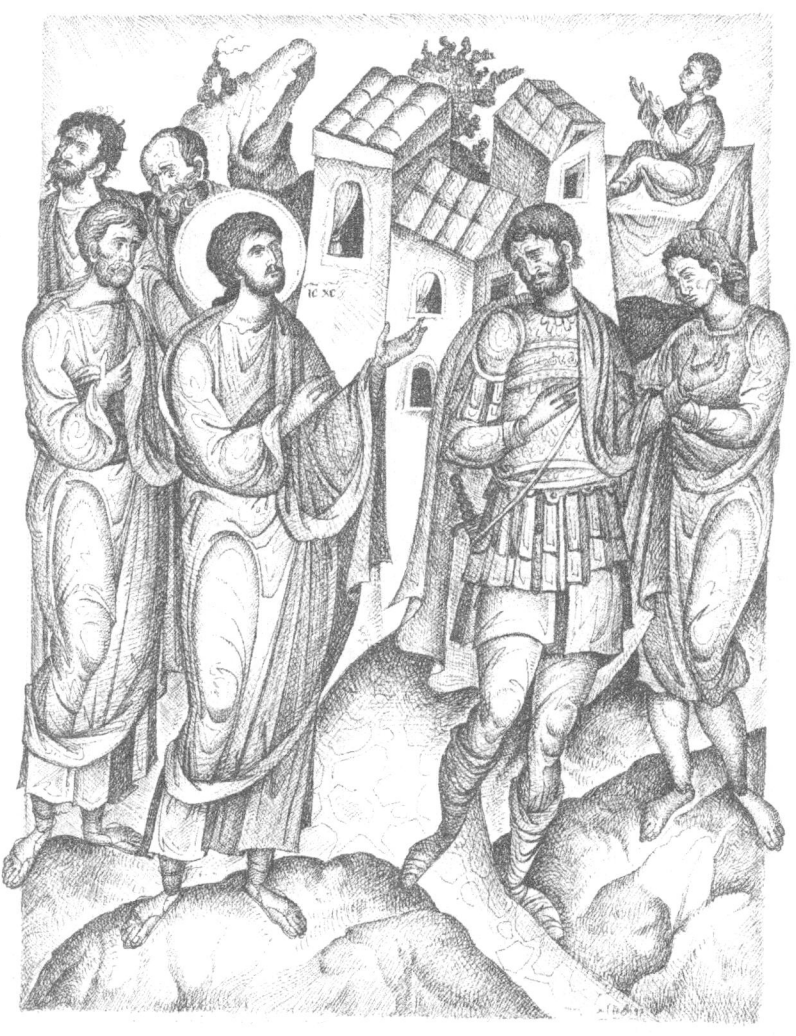

fig. 6.10.
La curación del sirviente de un centurión

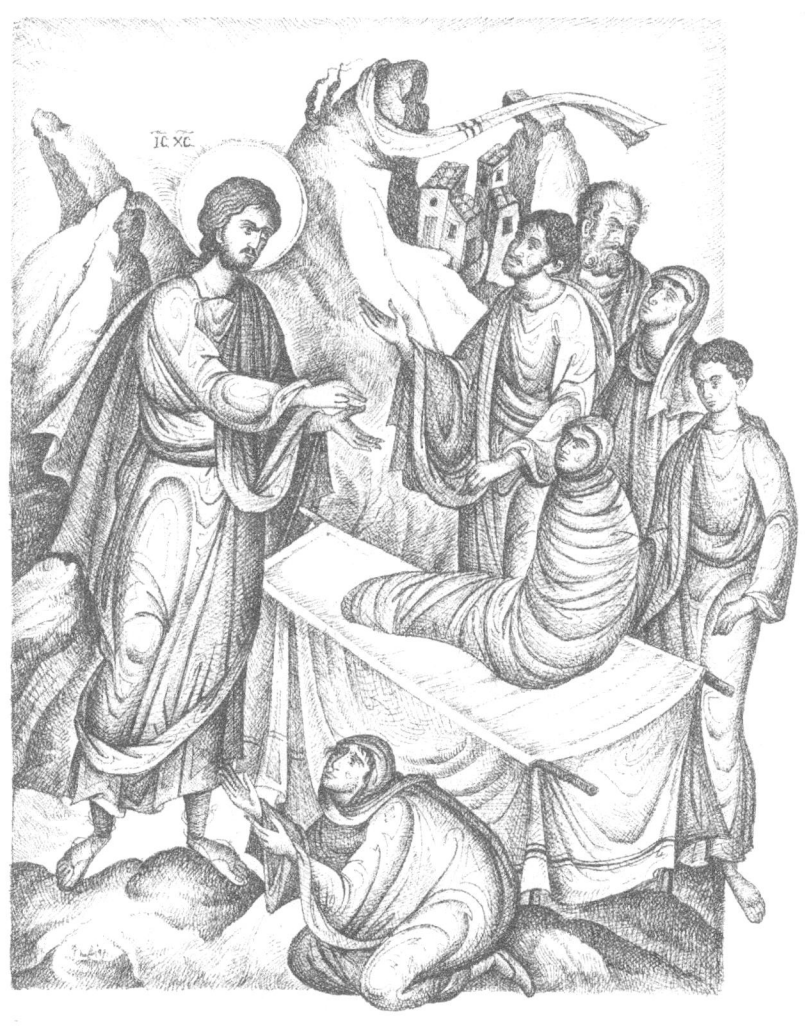

fig. 6.11.
La resurrección del hijo de la viuda de Naín

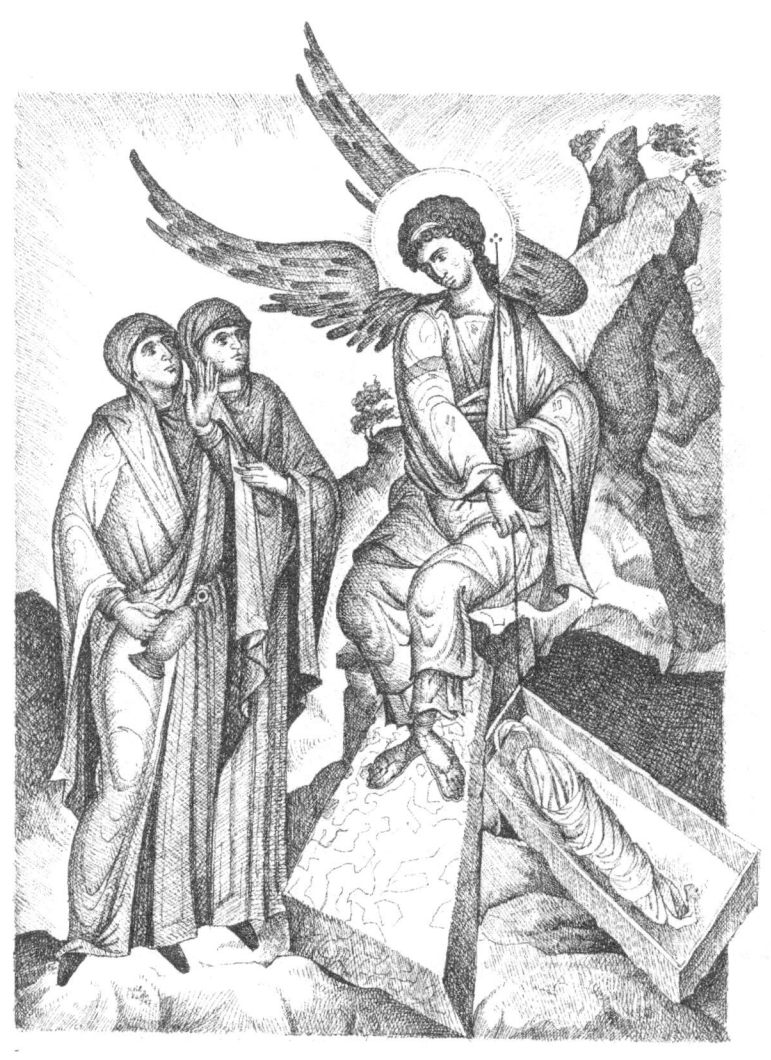

fig. 6.12.

Las miróforas en la tumba vacía - La Resurrección

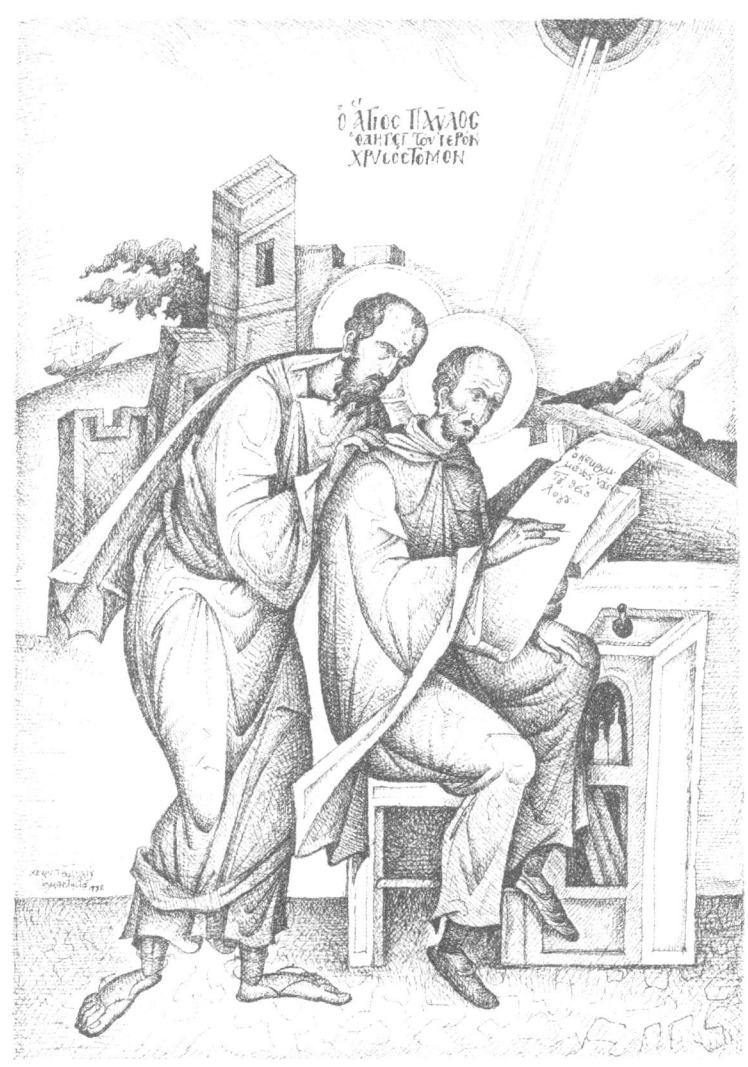

fig. 6.13.
San Pablo guiando a San Crisóstomo

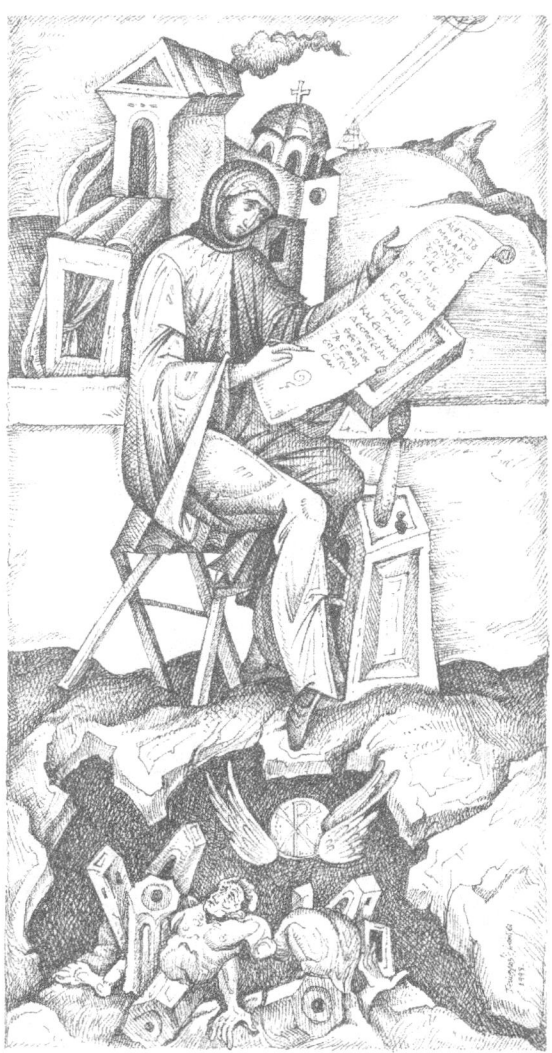

fig. 6.14.

Santa Kassiana poeta, escribe sobre las consecuencias de la encarnación de la Palabra

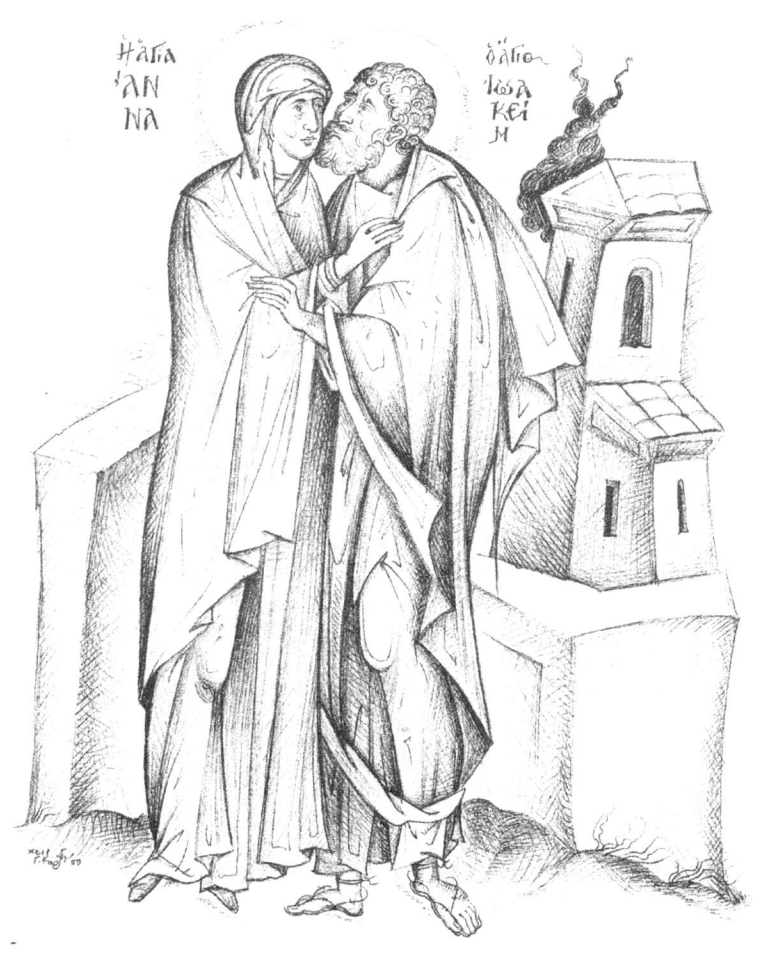

fig. 6.15.

Santos Joaquín y Ana

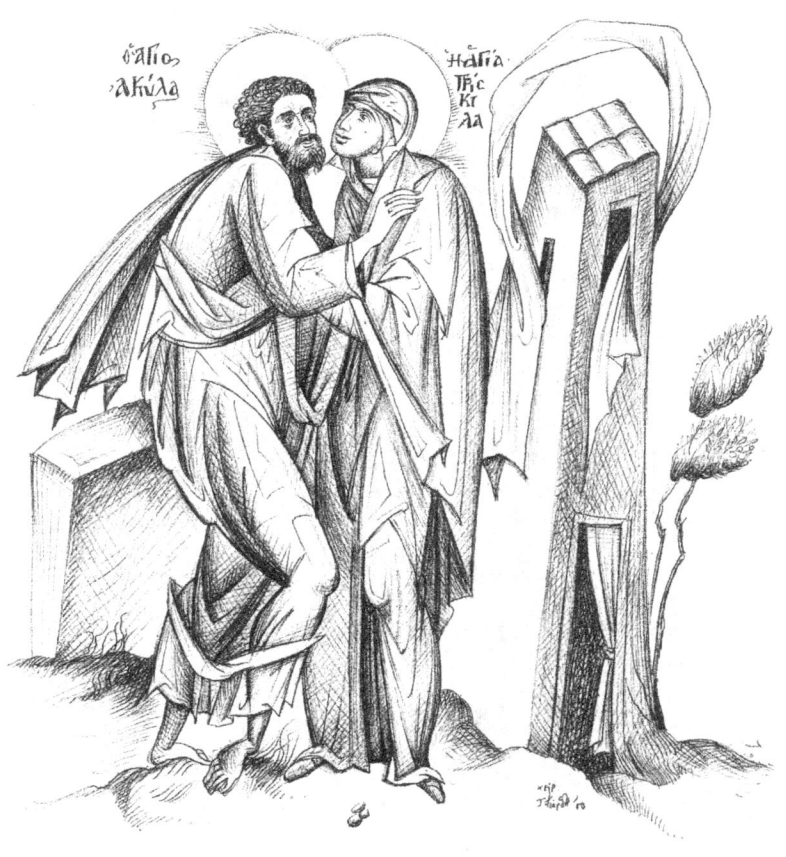

fig. 6.16.

Santos Akilas y Priscila

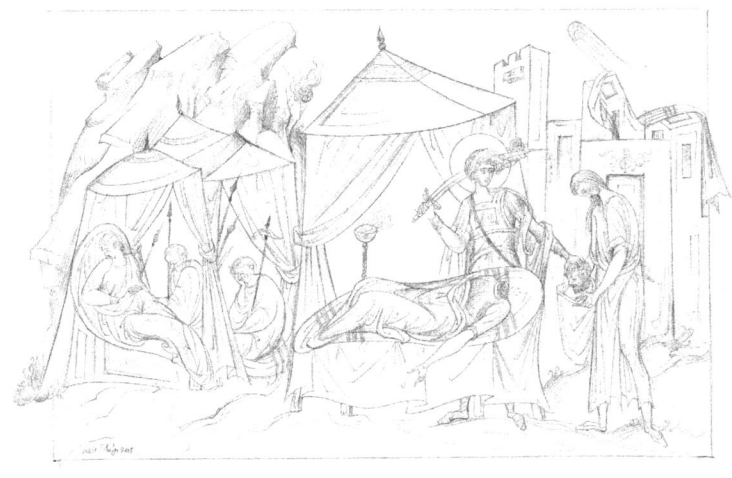

fig. 6.17.
Judith

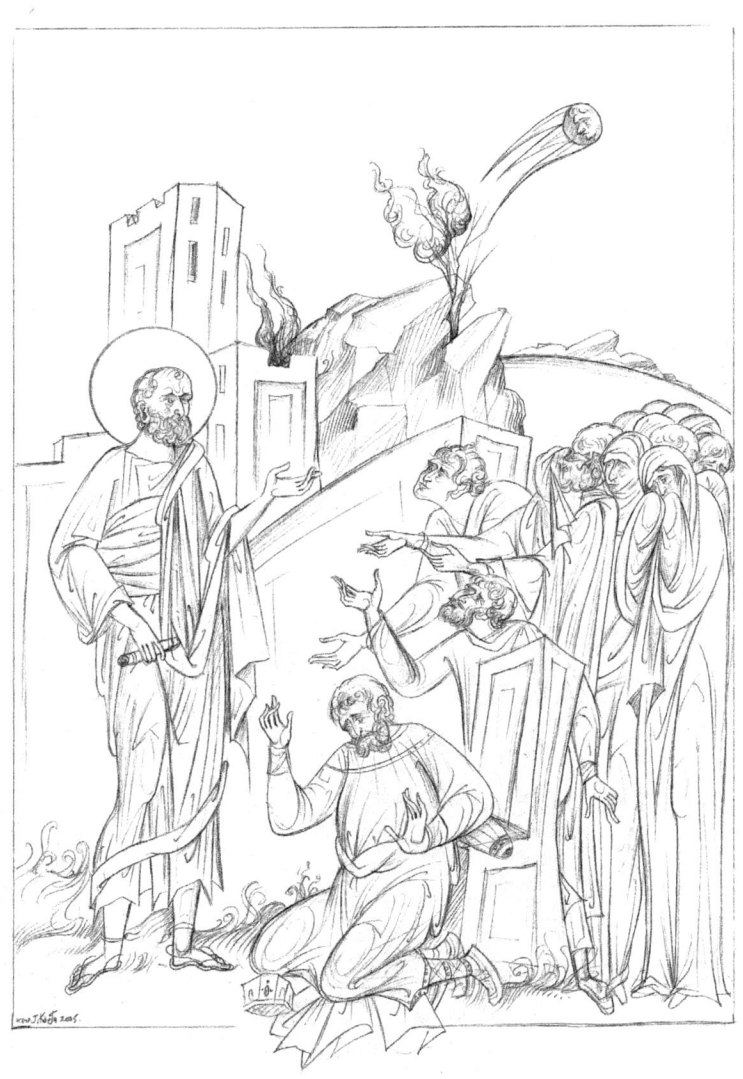

fig. 6.18.
Profeta Jonás

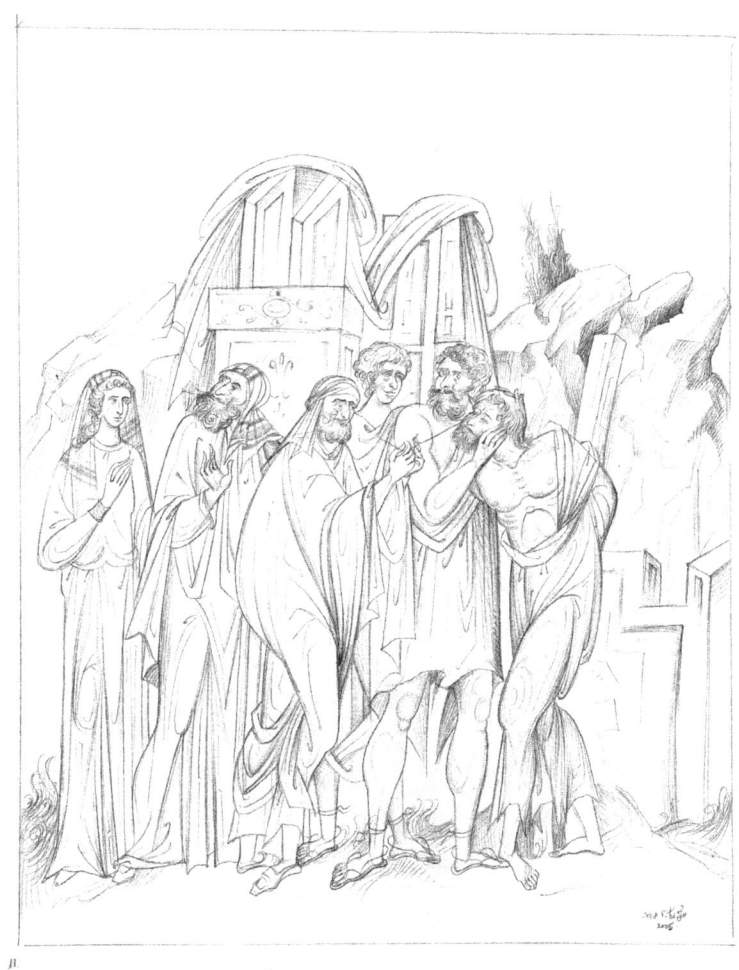

fig. 6.19.
Sansón

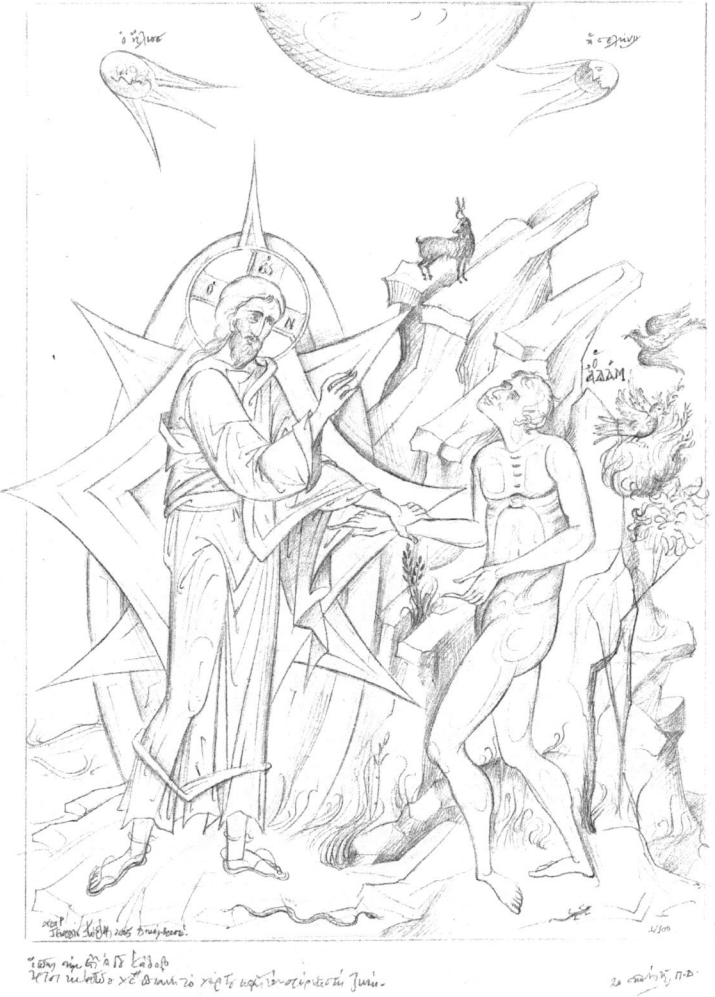

fig 6.20.
La creación del hombre

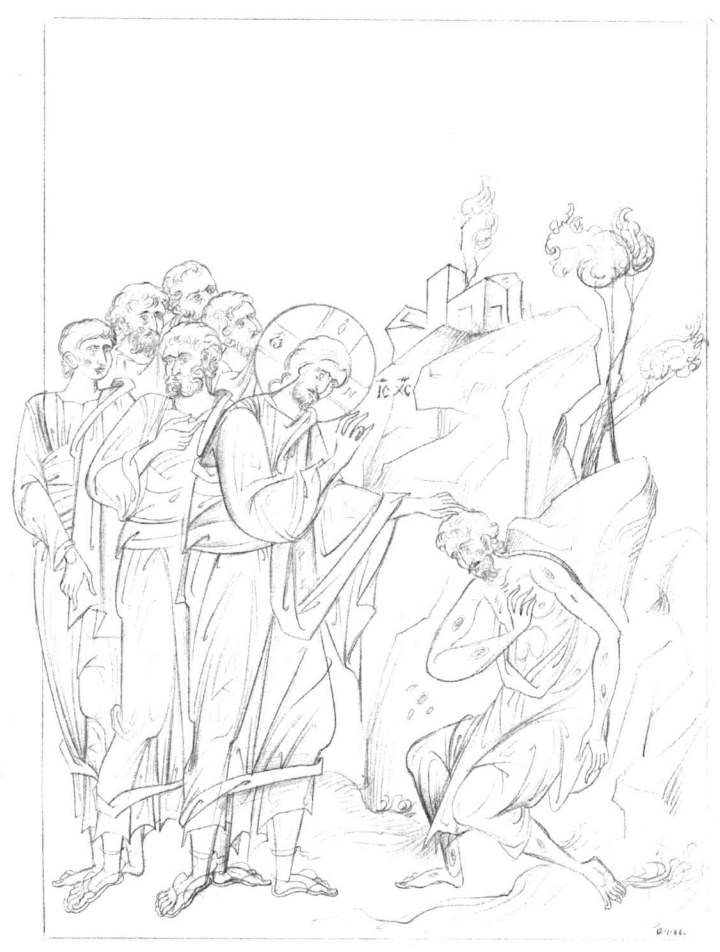

fig. 6.21.
La sanación del leproso

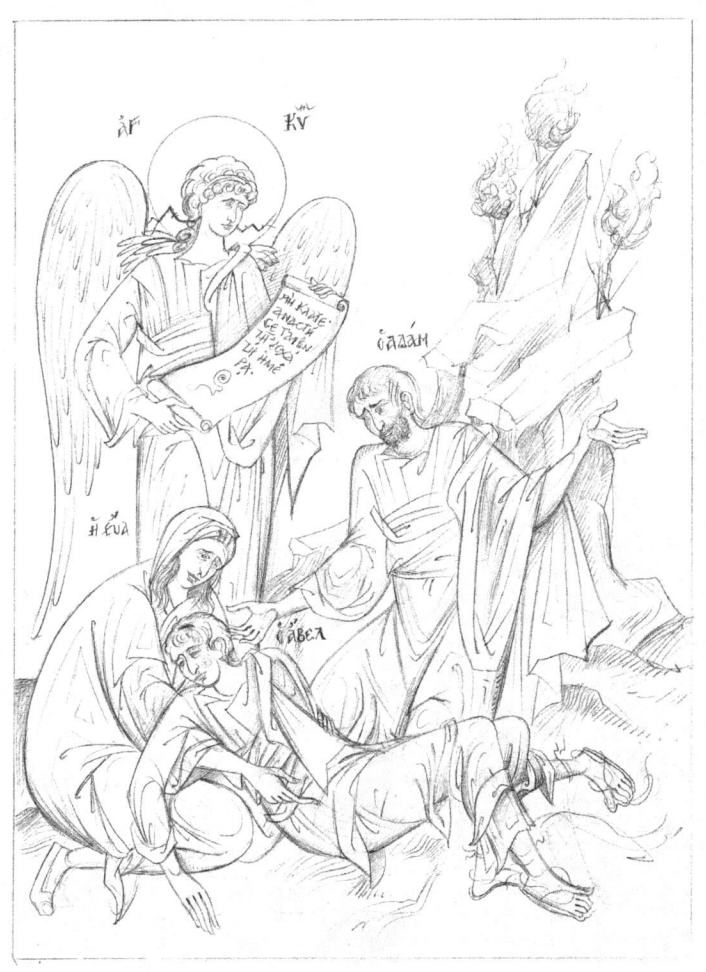

fig. 6.22.
El duelo de Adán y Eva

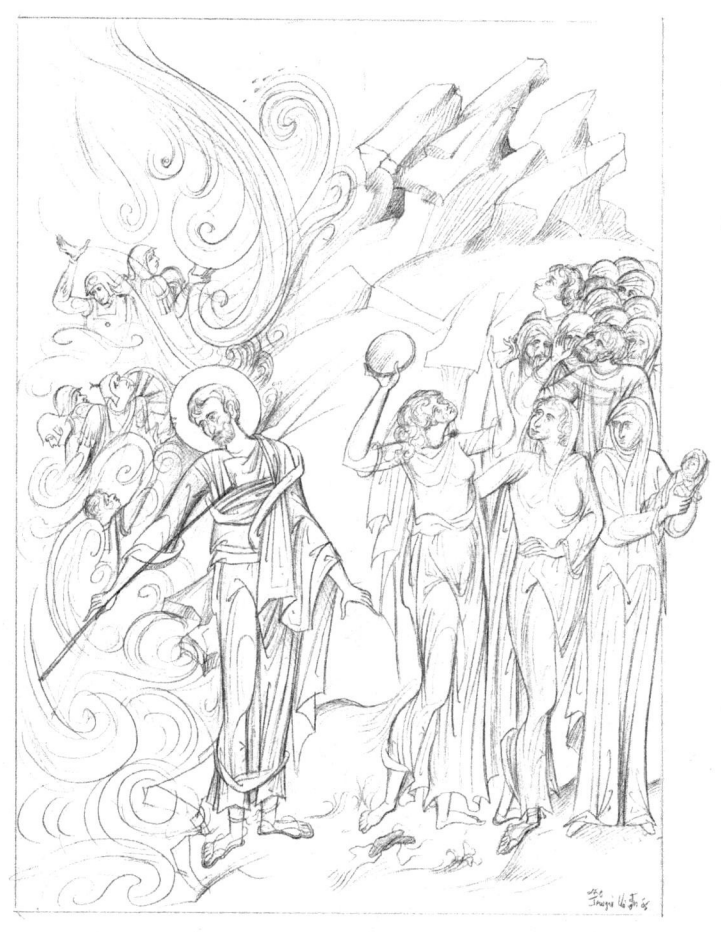

fig. 6.23.
El paso por el mar rojo

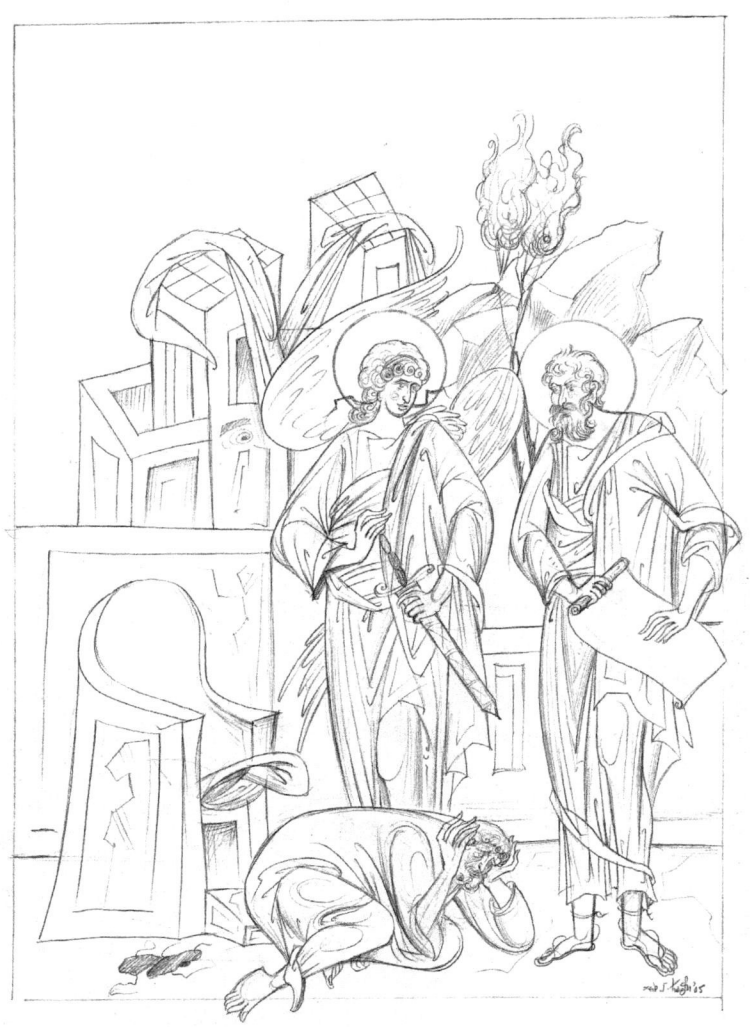

fig. 6.24.
La penitencia del profeta David

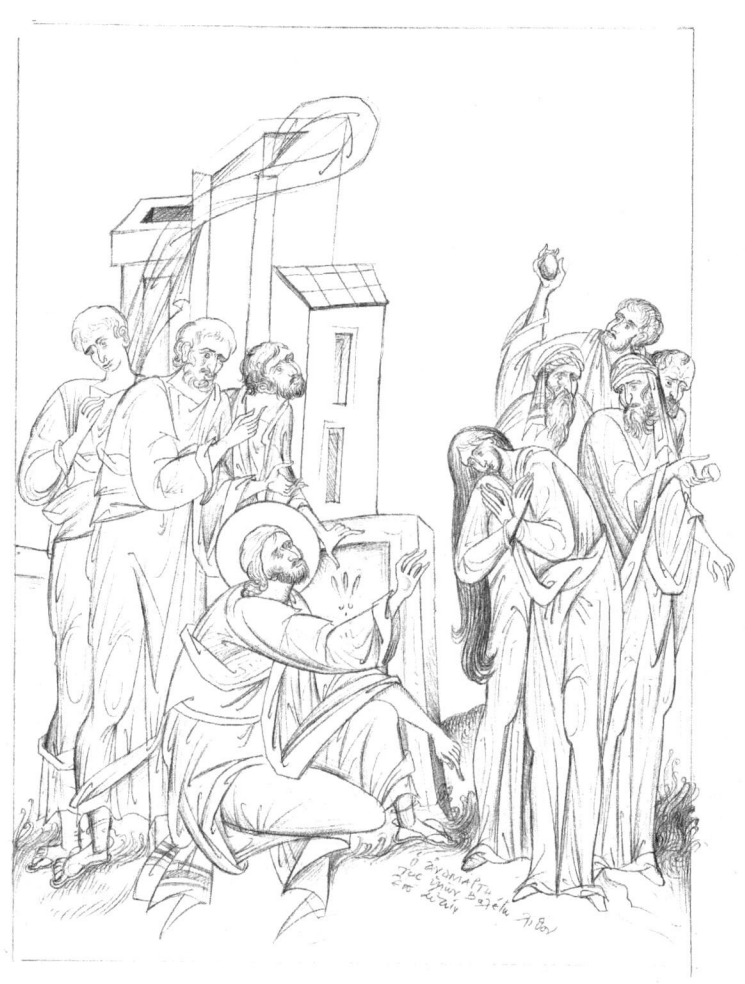

fig. 6.25.

La arrepentimiento de la pecadora

Sobre el autor

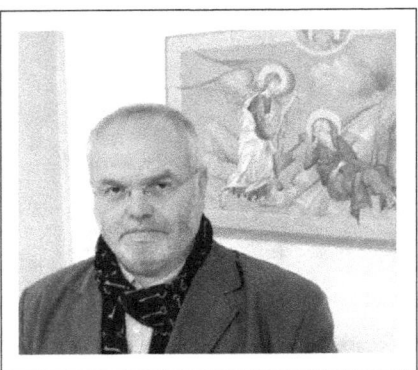

George Kordis estudió teología en la Universidad de Atenas, y teología y estética de la pintura bizantina en la Escuela Griega Ortodoxa de Teología Santa Cruz, en Broookline Massachusetts. En 1991 se doctoró en teología en la Universidad de Atenas. Es profesor asistente de iconografía (Teoría y Práctica) en la Universidad de Atenas.

También enseña el arte de la pintura de íconos en la AKTO (Escuela de Arte de Atenas), y en el Centro Cultural Eikonourgia.

Durante los años 80, George Kordis trabajó junto al maestro iconógrafo chipriota Fr. Symeon Symeou. También tomó cursos de técnica de pintura en la Escuela del Museo de Bellas Artes de Boston, desde 1987 a 1989. Regresa a Atenas en 1990 y continúa sus estudios de pintura y grabado con Fotis Mastichiadis.

Kordis es iconógrafo y también autor de obras seculares, ha realizado exposiciones tanto en Grecia como en el extranjero. Ha pintado muchos iconos y también murales en iglesias y otros lugares sagrados en Grecia, el Líbano, Italia y otros lugares.